自然이 주신 선물

가미오카 마사아키 지음 | 장은주 옮김

부자들의 초격차

부자들의 지식은 복리로 쌓인다

독서법

쌤앤파커스

차례

① 지식을 복리로 쌓는 독서법

📖 그렇고 그런 속독법과 비교하지 마라

📖 인생 역주행, 여러분도 경험해보고 싶지 않은가?

📖 초격차 독서법은 책 속 지식을 무기로 바꿔준다

② 언제, 어디서든, 누구에게나 필요한 초격차 독서법

📖 완전하게 달라진 자신의 모습이 기대되지 않는가?

📖 초격차 독서법 1회차 :

어떻게 하면 15분 만에 1권을 읽을 수 있을까?

📖 초격차 독서법 2회차 :

파란펜을 적극적으로 활용하라

📖 초격차 독서법 3회차 :

아웃풋 노트가 인생 역주행을 만든다

④ 초격차 독서법의 화룡점정, 아웃풋 노트

📖 책 속 지식을 온전히 내 것으로 만들

아웃풋 노트 작성법

📖 새로운 삶을 항해할 때 지도와 나침반이 되어줄

아웃풋 노트

📖 아웃풋 노트는 인생의 바이블이 된다

나는 초격차 독서법으로
인생 역주행을 이뤘다

나의 하루하루는 정말 바쁘게 돌아간다. 전략 PR 컨설팅사를 포함해 내가 운영 중인 세 곳의 회사 운영을 챙겨야 하기 때문이다. 그리고 굴지의 상장사 몇 곳에서는 경영 자문도 하고 있다. 또한 대학원에서 MBA를 취득한 후 많은 곳에서 들어오는 강연 요청, 뇌 과학 분야를 본격적으로 연구하게 되면서 학회 활동까지 병행하다 보니 시간이 어떻게 지나가는지 모를 지경이다. 내 유튜브 채널을 보았다면 알겠지만, 종잣돈 200만 엔으로 주식과 부동산 투자를 시작해 큰 성공을 거두면서 그 돈은 현재 3억 엔까지 불어나기도 했다. 나의 이런 성공담을 바탕으로 더 많은 이들이 투자에 성공하길 바라며 오늘도 콘텐츠를 기획하고 있다.

혹시라도 자랑을 늘어놓는 것처럼 들렸다면 사과드린다. 여러분께 이 말을 꼭 하고 싶어서 내 이야기를 먼저 꺼낸 거였다.

내가 경험한 이 모든 것들은 '독서' 덕분에 가능했다는 사실이다.

사실 나는 '낙오자'였다. 성인이 되어 부푼 꿈을 안고 대학 입시에 도전했을 때 그토록 원하던 학교에 들어가지 못해 귀한 시간과 노력을 허비하고 말았고, 어찌어찌해서 대학을 졸업한 후에는 취업이 내 발목을 잡았다. 이후에도 상황은 그다지 나아지지 않았고, 방송사에서 보조 작가로 일하며 근근이 입에 풀칠하는 생활을 이어갈 수밖에 없었다. 그러던 중 엄청난 결심을 하게 되었다. 바로 창업에 도전하기로 한 것이다. 지식은 물론이고 경험도 일천했지만, 무조건 책을 많이 읽어 어떻게 해서든 보란 듯이 성공해보겠다는 생각만 앞섰다.

하지만 현실 속 내 책상 위에는 책이 산더미처럼 쌓여가고 있었다. 나는 그 모습을 보고 망연자실했다. 의욕이 앞서 책은 잔뜩 사놨는데 너무 바빠서 아예 읽을 엄두도 내지 못했다. 짧은 시간에 책을 읽을 수 있다는 속독을 배워볼까 생각했지만, 당시 주머니 사정으로는 학원에 등록한다는 것은 생각할 수도 없었고 그렇다고 인터넷 강의라고 해서 결코 경제적이라고 할 수 없었다.

결국 내가 선택한 방법은 독학이었다. 속독과 관련한 책을 닥치는 대로 읽어 어떻게 하면 될지 방법을 익혔다. 그리고 안구 트레이닝과 우뇌로 읽기 같은, 알 듯 모를 듯하고 미심쩍은 방법들도 지푸라기라도 잡는 심정으로 시도해보았다.

결론은, 완벽한 실패였다. 분명 책을 읽긴 읽었는데 전혀 기억에 남는 게 없었다!

속독의 효과를 경험한 분도 있겠지만, 나에게는 전혀 도움이 되지 않았다. 그때부터 나는 뇌 과학을 파고들면서 방법을 찾기 시작했다.

'어떻게 하면 속독만큼 빠르게 책을 읽으면서도 책이 담고 있는 지식을 놓치지 않고 머릿속에 제대로 각인해 내 삶을 바꿀 수 있을까?'

당시 내 머릿속은 이 질문으로 가득했다. 오직 책만이 나를 구원할 수 있을 거라고 생각했기 때문이다. 불가능해 보이기도 했지만 어떻게 해서든 방법을 찾아내고야 말겠다고 다짐했다. 그렇게 매일마다 새로운 전략을 짜고, 실험해보고, 실패하는 과정을 끝없이 반복하며 조금씩 길을 찾아갔다.

그렇게 탄생한 독서법이 바로 이 책을 통해 여러분과 나누려 하는 '초격차 독서법'이다.

내가 초격차 독서법을 실천한 지 벌써 15년이 되었다. 평균적으로 매일 1권씩 읽어가는 리듬을 무난하게 유지하며 어느새 독서는 식사처럼 일상의 한 부분으로 자리를 잡았다.

초격차 독서법으로 얻게 된 지식은 일과 생활에서 구체적인 아웃풋으로 전환했다. 업무에서는 효율적으로 일하면서 성과를 내고 영역을 넓혀가기 위한 비즈니스 스킬을 키울 수 있었다. 덕분에 무작정 뛰어든 사업은 성장에 성장을 거듭했다. 이뿐만이 아니다. 주식에 대해서는 1도 알지 못한 문외한이었던 내가 책에서 얻은 지식 덕분에 주식 투자의 세계에 발을 들여놓을 수 있었고, 부동산 투자에까지 도전해 큰 성공을 맛볼 수 있었다. 이러한 성과는 모두 초격차 독서법으로 얻게 된 지식을 실생활에 활용한 결과들이다.

현재 우리 회사의 직원들은 초격차 독서법을 실천하며 각자의 자리에서 크고 작은 성과를 거두고 있다. 지인에게도 초격차 독서법을 소개하면 하나같이 만족해하며 꾸준히 활용하고 있다. 그렇게 그 효과가 입소문을 타고 퍼져 이렇게 책을 통해 여러분과 만나게 되는 기회도 얻을 수 있었다.

<u>초격차 독서법이야말로 빠르게 읽을 수 있는 것은 물론이고 지식이 머릿속에 각인되어 생활 곳곳에 활용할 수 있</u>

는 확실한 방법이자 부를 가져다주고 인생을 더욱 풍요롭게 바꾸어준다.

'독서 정도로 인생이 바뀐다면 내 인생은 진작에 뒤집어졌지. 말도 안 되는 얘길….' 혹시라도 이렇게 생각하고 있다면 독서의 힘이 얼마나 대단한지 알지 못한 채 과소평가하는 것이다. 여러분의 인생에 선순환을 가져올 최강의 방법, 그것은 바로 독서다.

여러분의 머릿속을 가득 채운 수많은 고민이나 과제는 선인들이 이미 경험했고 또 해결한 일들이다. 그 해결법은 여러분의 손길을 기다리며 어딘가에 숨어 있는 책에 분명 실려 있다. 따라서 독서를 하면 최적의 해결법을 찾을 수 있다. 장담할 수 있다.

하지만 유감스럽게도 하루하루를 바쁘게 보내고 있는 현대인은 책 1권을 읽을 시간을 내는 것도 쉽지 않다. 만약 책 1권을 읽는 데 일주일씩, 혹은 그 이상 걸린다면 고민이나 과제를 극복할 최적의 해결책을 만나기도 전에 인생은 점점 더 나쁜 쪽으로 향해 갈 수밖에 없다. 이것이야말로 초격차 독서법이 필요한 이유다.

한 분야의 책을 7권만 읽는다면 누구나 그 분야에 정통할 수 있게 된다. 여러분이 어떤 분야에 대한 지식이 전혀 없더라도 걱정하지 마라. 7권만 읽는다면 그 분야의 지식이 머릿속에 정리되면서 꼭 맞는 해결책을 찾게 도와줄 것이다.

초격차 독서법이라면 여러분을 괴롭게 했던 고민이나 문제의 해결책도 금세 찾아내고 구체적인 행동으로 옮겨 더 나은 삶을 꾸려나갈 수 있다.

만약 여러분 앞에 놓인 문제가 '재정', '투자'라면 지금 당장 서점으로 가서 주식, 부동산, 경제 전망, 투자 전략 등 관련된 다양한 책을 둘러보자. 처음 집어 든 책이 말하는 방법이 정말 당신을 부자로 만들어줄 수 있을지는 알 수 없다. 그 주장과 해결책을 판단할 근거가 없기 때문이다. 하지만 괜찮다. 앞에서 말했듯 일곱 번째 책의 마지막 책장을 덮으면 부자가 될 수 있는 비밀에 대한 공통점과 중요한 내용이 눈에 들어와 자신에게 효과가 있을 법한 방법을 알게 된다. 이렇게 초격차 독서법은 여러분이 올바른 판단을 하도록 이끄는 스킬이 된다.

마찬가지로 초격차 독서법은 비즈니스, 노후 준비, 인간관계, 취업 등 어떤 필요에 의해서든 가리지 않고 얼마든지 활용할 수 있다.

당장 내일 무엇을 어떻게 해야 할지 몰라 희망을 잃었던 낙오자가 수많은 시행착오 끝에 완성한 독서법이 책이라는 형태로 세상에 선보이게 되었다. 부디 여러분에게 도움이 될 수만 있다면 더할 나위 없는 기쁨일 것이다.

부자든 경제적 여유가 없든, 권력을 가지고 있든 평범한 사람이든 누구에게나 인생이라는 시간은 한정되어 있기 마련이다. 그 속에서 책과 어떻게 얼마나 만나느냐 하는 것은 귀인을 만나는 것에 견줄 만큼 귀중하다. 여러분도 나처럼 초격차 독서법으로 더 많은 책과 만나는 기회를 잡아 경제적 자유를 누리는 것은 물론이고, 매 순간이 즐겁고, 누구보다 알찬 인생을 살아가기를 기원한다.

인생의 풍요로움은 독서량으로 정해진다. 초격차 독서법은 그것을 실현하는 최강의 무기가 된다.

이 책을 통해 나와 만나게 된 여러분도 오늘부터 당장 초격차 독서법을 시작하기 바란다.

초격차 독서법이란?

초격차 독서법은 '독서 속도'와 '지식'이라는 두 마리 토끼를 모두 잡을 수 있는 독서법이다. 왜 초격차 독서법은 빠르게 읽으면서도 머릿속에 지식을 쌓을 수 있을까? 그 이유는 뇌 과학으로 효과가 입증된 '분산 효과', '에피소드 기억', '아웃풋'을 활용한 독서법이기 때문이다.

기존의 속독법은 "책 1권을 단 3분 만에 읽을 수 있다"라고 주장하면서 사람들을 현혹하기도 한다. 하지만 단순히 눈을 빨리 움직이거나 사진을 보듯 책을 읽는 방법으로는 문장을 읽고 내용을 이해하는 것은 불가능하다고 과학적으로 입증되었다.

초격차 독서법은 책 1권을 30분 만에 3번 읽는 방법이다. 속도로만 본다면 기존의 속독법에 미치지 못하지만, 머릿속에 지식이 남는 비율은 비교할 수 없이 높다. 아무리 빨리 읽는다고 해도 책 속의 지식이 머릿속에 남지 않는다면 무슨 의미가 있을까? 초격차 독서법으로 한 달에 15권을 읽고 게다가 지식까지 머릿속에 저장된다면 실속 있는 최강의 독서법이 아닌가?

초격차 독서법만의 장점은 여기서 끝나지 않는다. 초격차 독서법은 여러분의 생활에 변화를 가져온다. 초격차 독서법의 목적은 책이 주는 지식을 머릿속에 저장하는 것에 머물지 않고 실생활에서 적용할 수 있도록 도와주기 때문이다. 또한 셀 수 없이 많은 정보가 쏟아지는 현대사회에서 초격차 독서법을 활용한다면 다양한 지식을 바탕으로 변화의 흐름을 놓치지 않을 수 있다.

또 한 가지 중요한 점은 기존의 속독법과 달리 특별한 교육이 필요하지 않다는 것이다. 누구나 바로 실천할 수 있는 독서법이다. 여러분도 이 책을 읽은 그날부터 바로 시작할 수 있다.

마지막으로 나의 경험과 성과를 통해 증명되었듯, 경제적 자유를 누릴 수 있게 된다. 독서량과 연간 수입은 비례한다는 데이터가 있다. 빌 게이츠, 일론 머스크, 워런 버핏의 공통점은 무엇일까? 여러분도 잘 알고 있듯 이들은 모두 세계적인 부자다. 그리고 또 한 가지 중요한 공통점이 있다. 바로 지독한 '독서광'이라는 것. 매년 어김없이 50권 이상 책을 읽는다는 빌 게이츠, 우주산업 지식은 어떻게 습득했냐는 질문에 망설임 없이 "책"이라고 답한 일론 머스크, "지식은 복리로 쌓인다"는 명언을 남긴 워런 버핏. 말 그대로 '미친 듯이' 책을 읽는 그들은 자신의 독서 습관이 부의 원천이었음을 늘 강조했다.

뇌 과학이 말하는 분산 효과를 활용해 책 1권을 2~3시간에 걸쳐 꼼꼼하게 읽기보다 30분 동안 3회 읽는 편이 더 기억에 잘 남는다. 그럼 초격차 독서법을 구체적으로 소개하겠다.

꼼꼼하게 1회 읽기보다 독서 시간을 분산해 같은 책을 빠른 속도로 여러 번 읽는 게 기억에 더 잘 남는다는 사실이 뇌 과학 연구로 밝혀졌다. 게다가 각 회차마다 다른 장소에서 읽으면 효과가 더 높아진다.

사람이 높은 집중력을 유지할 수 있는 시간은 15분이 한계다. 이를 근거로 초격차 독서법에서는 1회차를 15분, 2회차는 10분, 마지막 3회차에 5분을 배정한다(패턴 ①). 하지만 패턴 ①을 실천하려면 높은 집중력을 유지해야 한다. 집중력을 유지하는 데 자신 없는 분은 패턴 ②를 실천해보도록 하자. 패턴 ②는 학술서나 참고서처럼 술술 읽기 어려운 책을 읽을 때 추천한다.

참고로 이 책에서 말하는 독서 시간은 200페이지 정도의 일반인을 대상으로 한 대중서를 기준으로 한다. 초격차 독서법은 한 페이지를 5초에 읽는 것을 목표로 한다. 만약 200페이지 전후의 책이라면 15분 안에 다 읽을 수 있다. 두꺼운 책을 읽을 때는 한 페이지당 5초로 계산하면 된다. 예를 들어 300페이지라면 25분이 목표 시간이 되는 것이다.

초격차 독서법 1회차 : 로켓 스타트 리딩

초격차 독서법 1회차의 핵심은 '로켓 스타트 리딩'이다. 정해진 시간 동안 단번에 읽어나가는 것이다.

로켓 스타트 리딩을 시행하기에 앞서 스톱워치(또는 스마트폰의 시계 앱)을 준비한다. 그리고 제한 시간을 설정해 타이머를 작동함과 동시에 단번에 읽어나간다. 내용을 건너뛰어도 좋으니 반드시 제한 시간 내에 다 읽는다. 중요하다고 생각되는 페이지는 한쪽 귀퉁이를 접어둔다.

독서 속도가 늘지 않는 원인의 하나는 독서에 집중할 수 없기 때문이다. 사람은 종료 시각을 강제로 설정해두면 집중력이 비약적으로 상승한다.

초격차 독서법 2회차 : 파란펜 메모 리딩

초격차 독서법 2회차의 핵심은 지식 습득을 위한 '파란펜 메모 리딩'이다. 이 덕분에 빠르게 읽으면서도 지식을 쌓을 수 있다.

앞서 1회차에서 한쪽 귀퉁이를 접은 페이지를 중심으로 읽어가면서 그 앞뒤 페이지를 집중적으로 살핀다. 새롭게 알게 된 지식이나 깨달은 점을 파란펜으로 메모한다. 중요한 내용일수록 크고 눈에 띄게, 감정을 실어 메모한다.

이 방법은 뇌 과학에서 말하는 에피소드 기억을 활용한 것이다. 뇌는 평상시보다 어떤 변화가 있을 때 더 잘 기억한다. 중요한 부분에 파란펜으로 메모를 해두면 뇌는 그 부분을 특별한 에피소드로 기억한다. 또한 파란색은 사고력을 높이는 효과를 가지고 있기도 하다.

초격차 독서법 3회차 : 아웃풋 리딩

초격차 독서법의 마지막 단계인 3회차의 핵심은 '아웃풋 리딩'이다. 이로써 빠른 독서 속도, 지식의 습득 그리고 가장 중요한 삶의 변화라는 초격차 독서법만의 장점이 완성된다.

2회차 때 파란펜으로 메모한 부분을 다시 한번 살펴보면서 그 지식을 실생활에 어떻게 적용할지 구체적으로 기록한다.

책을 읽은 후 아웃풋 노트를 작성하면 훨씬 효과적이다.

책을 통해 받아들인 지식이 피와 살이 되도록 하려면 아웃풋 노트를 작성하는 것이 필수적이다. 자신만의 언어로 아웃풋하여 실생활에서 적용하면 뇌는 그것을 중요한 정보로 인식해 장기 기억으로 보존한다. 또한, 지식으로 끝내지 않고 거기에서 도출된 행동 계획을 기록하면 그것이 앞으로의 행동 지침이 된다. 이것이 뇌 과학의 기본 법칙이다.

# 초격차 독서법 활용 사례

광고 회사에서 근무하는 35세 남성 A씨

회사의 중요한 신규 프로젝트의 리더로 발탁되었다는 기쁨도 잠시, 좀처럼 동기부여가 되지 않는 팀원을 어떻게 이끌어야 할지 고민이 이만저만이 아니었다. 팀의 역량을 하나로 모아 이 프로젝트를 성공시켜 회사에서도 인정을 받고 보란 듯이 성과를 만들고 싶었다.

그때 구세주처럼 만나게 된 것이 초격차 독서법이었다. 초격차 독서법을 활용해 리더십과 관련된 책을 섭렵하면서 일주일도 채 지나지 않아 팀을 하나로 모으고 역량을 끌어낼 수 있는 구체적인 방법을 찾았다.

진부한 이야기일 수 있지만, 역시 책에는 선인들의 지혜가 집결되어 있었다. 좀처럼 독서에 시간을 낼 수 없는 직장인이지만, 초격차 독서법이라면 자투리 시간을 활용해 때에 맞는 핵심 역량을 습득할 수 있다고 자신 있게 말할 수 있다.

지식을
복리로 쌓는
독서법

▲
▲

그렇고 그런

속독법과

비교하지 마라

▲
▲

모두를 위한 독서법

책은 정말 읽고 싶은데 좀처럼 짬을 낼 수 없어 읽지 못했던 사람, 반대로 바쁘다는 핑계로 몇 장을 겨우 읽던 사람도 초격차 독서법만 활용하면 시간을 더 내지 않고도 같은 시간에 10권 이상 읽을 수 있게 된다.

초격차 독서법은 귀한 시간을 투자해서, 비싼 수강료를 내면서, 성가신 훈련을 할 필요가 없다. 누구나, 지금 당장, 어디서든 실천할 수 있다.

매달 통장을 스쳐 가는 월급에서 탈출해 경제적 자유를 꿈꾸는 입사 2년 차 최 씨.

연속 진급 누락으로 설 자리를 잃는 것 같아 창업을 고민 중인 만년 과장 김 씨.

간신히 마이너스는 피했지만, 늘 타이밍을 놓쳐 전전긍긍하는 전업 투자자 정 씨.

모두가 꿈꾸는 인기 IT 기업에 당당히 입사해 탄탄한 커리어를 쌓고 싶은 취준생 권 씨.

적지 않은 연금을 받고 있어 당장 쪼들리진 않지만, 더 윤택한 노후를 꿈꾸는 시니어 홍 씨.

이런 분들이 간절히 원하는 정보와 지식, 스킬을 금세 익히고, 뇌에 입력된 내용은 장기 기억으로 정착시킨다.

나는 초격차 독서법을 먼저 실천해본 분들로부터 이런 피드백을 수없이 들었다.

"하루에 1권이요? 그 정도는 누워서 떡 먹기 아닌가요."

"'이걸 어떻게 다 기억하고 있지?' 하면서 스스로 깜짝깜

짝 놀라요."

"예전에는 책 읽을 시간이 부족했는데, 이제는 읽을 책이 부족해졌어요."

"동료 직원들과의 커뮤니케이션이 훨씬 원활해졌습니다."

"집중력이 놀랄 정도로 오래 가요."

"우리 아이의 학교 성적이 크게 올랐어요."

"꿈만 꾸던 승진은 물론이고 연봉도 기대한 것 이상으로 올랐어요."

"자투리 시간에 기출 문제집을 본 것뿐인데 어려운 시험에 합격했어요."

"이전보다 두뇌 회전이 훨씬 빨라졌다는 게 느껴질 정도로 달라졌습니다."

대체 이런 일들이 어떻게 가능했던 것일까?

뇌 과학이 만든 독서법

초격차 독서법은 책에서 얻은 지식을 장기 기억으로 뇌에 정착시켜, 한 번 저장되면 바위에 각인하듯 결코 잊을 수 없게 된다.

이런 꿈같은 일이 가능한 이유는 초격차 독서법이 최신 뇌 과학을 기반으로 한 독서법이기 때문이다. 초격차 독서법이 어떤 과정으로 진행되는지 설명한 다음의 내용을 보면 이 독서법이 왜 뇌 과학에 기반하고 있다고 하는지 금세 이해할 수 있을 것이다.

초격차 독서법은 책 1권을 단 30분 만에, 그것도 3회 읽을 수 있는 독서법이다. 중요한 것은, 3회를 연달아 읽는 것이 아니다. 각 회차마다 시간 간격을 두거나 장소를 바꿔가면서 읽어야 한다. 이를 통해 뇌 과학에서 말하는 '분산 효과'를 경험하게 된다.

공부와 관련한 뇌 과학 연구 결과를 보면 단번에 계속하는 것보다 중간에 조금씩 쉬어주는 것이 뇌에 더 강렬한 기억을 남긴다는 사실을 알 수 있다. 바로 이것이 분산 효과인 것이다. 초격차 독서법은 이러한 뇌의 특성을 최대한 활용하기 위해 연달아 읽지 않는다.

또한 초격차 독서법은 단순히 읽기만 하지 않고 읽으면서 느낀 점을 책에 메모하거나 중요한 부분에 밑줄을 그으면서 읽는다. 이 방법은 뇌 과학에서 말하는 '에피소드 기억'을 활용한 것이다.

뇌는 평소와 달리 무언가 변화가 일어났을 때 더 잘 기억한다. 바로 이것이 에피소드 기억이다. 초격차 독서법에서는 책을 읽으면서 동시에 손과 펜도 이용하고 흔적을 남기는 방식으로 뇌가 새로운 상황이라고 느끼도록 만들어 기억을 확실하게 정착시킨다.

초격차 독서법은 '아웃풋'도 구사한다. 초격차 독서법의 아웃풋이란 독서로 얻은 지식과 스킬을 그저 머릿속에 담아두는 것이 아니라 실생활에 직접 활용하게 하는 것이다.

일상에서의 활용을 통해 뇌는 그 정보가 중요한 것이라고 인식해 장기 기억으로 보존하게 된다.

어떤가? 초격차 독서법의 배경에 뇌 과학이 있음을 이해했는가? 이런 이유로 초격차 독서법은 빠른 속도로 많이 읽고, 읽은 내용이 기억에 남을 수 있게 된다.

이외에도 초격차 독서법은 뇌 과학으로 입증된 다양한 방법을 구사한다. 이와 관련해서는 수시로 소개하겠다.

30분 만에 3회 읽는 비밀

앞에서도 말했듯 초격차 독서법은 책 1권을 30분 만에 3회 읽는 방법이다. 이 말을 들으면 '언제 하면 되지?', '어디서 하면 될까?', '3회라면 각각 다른 책을 읽는다는 말일까?' 같은 의문이 들 것이다.

지금부터 초격차 독서법이 어떤 흐름으로 진행되는지 차근차근 설명하겠다.

초격차 독서법은 다음과 같이 진행된다. 1회는 15분 동안, 2회는 10분 동안, 3회는 5분 동안 읽게 된다. 장소는

집 책상에 앉아서든, 전철에 서서든, 침대에 누워서든 상관없지만, 시간을 두고 각 회차를 집중해서 읽어야 한다.

이렇게 하는 것은 뇌 과학에 근거한 명확한 이유 때문이다.

책 1권을 3회에 나누어서, 시간을 두고 집중해서 읽는 이유는 앞서 설명한 분산 효과를 노린 것이다. 1회차에 읽는 시간을 15분으로 설정한 이유는 사람이 높은 집중력을 유지할 수 있는 시간은 15분이 한계임이 과학적으로 증명되었기 때문이다.

자, 핵심을 정리해 다시 한번 강조한다.

초격차 독서법은
1회차 15분 → 2회차 10분 → 3회차 5분
이렇게 시간을 두고 장소를 바꿔서 읽는다.

이 방법이 바로 패턴 ①, 초격차 독서법의 기본형이다(이외에도 패턴 ②가 있다). 자세한 방법에 관해서는 뒤에서 더 자세히 설명하겠다.

 ## 초격차 독서법 패턴 ①

독서 시간 : 30분.

되도록 매 회차마다 각기 다른 장소에서 읽도록 한다.

- **1회차 :** 15분. 모든 페이지를 읽는다. 중요하다고 생각되는 페
  이지의 한쪽 귀퉁이를 접어둔다.
- **2회차 :** 10분. 1회차 때 접은 페이지를 중심으로 읽는다. 파란
  펜으로 중요한 부분에 밑줄을 긋고 메모를 한다.
- **3회차 :** 5분. 2회차 때 파란펜으로 메모한 페이지를 중심으로
  읽는다.

독서 시간 : 30분.

높은 집중도를 유지하기 어려운 경우, 학술서나 참고서처럼 어려운 책을 읽을 때 활용한다.

- 책의 1장을 읽은 다음, 바로 이어서 2회차를 실시한다.

- 위와 같은 요령으로 각 장을 2회씩 읽는다.

- 마지막 3회차는 책 전체를 대충 훑어본다.

'초격차'인 이유

이 책을 보고 있는 여러분은 '초격차 독서법과 흔히 말하는 속독 간에 다른 점이 뭘까?' 하는 의문이 들 것이다.

분명히 말하겠다. 초격차 독서법과 속독법은 완전히 다른 독서 방식이다. 지향점은 물론이고 그 방식도 전혀 다르다.

속독의 목표는 오로지 최대한 빨리, 그저 책을 가능한 한 많이 읽는 것이 목적이다. 그렇기에 책이 전하는 지식이 머릿속에 잘 남지 않게 된다. 하지만 책이 주는 지식을 머릿속에 담지 못한다면 독서를 하는 의미가 없다.

반면 초격차 독서법의 목표는 한정된 시간에 더 많은 지식을 쌓기 위해 빠르게 책을 읽으면서도 지식을 머릿속에 담는 것이다. 그렇게 함으로써 책에서 얻은 지식을 활용해 더 나은 삶을 꾸려갈 수 있게 된다.

만일 당신이 속독을 가르쳐주는 학원 같은 곳에 다니려 한다거나 속독법 세미나에 참가하며 고액의 수강료, 불필요한 교재를 사려 한다면 나는 큰소리로 "잠깐만!" 하고 외치겠다. 제발 다시 생각해주기를 바라는 마음에서 말이다.

실제로 속독 학원에 다니거나 큰돈을 들이지 않아도 속독 스킬은 얼마든지, 누구나 익힐 수 있다. 이 책은 그런 분들을 위해 썼다.

속독 마니아가 되고 싶은 일부 사람을 제외하고 보통 사람은 속독 학원에 다녀도 놀랄만한 효과를 기대하기 어렵다. 왜냐하면, 책을 읽어 이루려는 목표가 전혀 다르기 때문이다.

간절한 마음에 다시 말하지만, 속독의 목표는 오로지 빨리 읽는 데 있다. 하지만 빨리 읽어도 내용을 기억하지 못하면 무슨 의미가 있을까.

이 책에서 소개하는 초격차 독서법은 다르다.

초격차 독서법은 많이 읽고 기억에 정착시키는 것이 목적이다. 게다가 독서로 얻은 지식은 실생활에 활용할 수 있다.

초격차 독서법으로 손에 넣는 것은 책을 빠르게 많이 읽어 얻게 되는 정보의 양과 질만이 아니다. 시간과 성과를 동시에 거머쥘 수 있다. 방법 또한 지극히 간단하다. 트레이닝 같은 것도 필요 없다. 이 책을 읽으면 누구나 오늘부터 바로 실천할 수 있다.

속독의 허구성

뇌 과학 분야에서는 예전부터 효과적이라고 일컫던 속독법이 실제로는 거의 실현 불가능한 것임이 연구로 입증되었다. 과학적으로 증명할 수 없음이 밝혀진 것이다.

속독법은 분명 강렬한 독서법이기는 하다. 누구나 속독과 관련한 광고를 보면 절로 흥미가 솟을 것이다. 나 역시 속독 관련 세미나에 몇 번 참가한 적이 있다. 하지만 방법 자체가 매력적인 것과 효과가 있느냐는 별개의 문제다. 실제로 속독은 극소수의 사람만 가능한 방법이다.

책을 빨리 이해하려는 것만이 목적이라면, 오디오북을 듣거나 애초에 책 내용을 요약한 인터넷 서비스를 이용하면 된다. 그러나 그런 방법은 뇌에 기억을 정착시키거나, 당신의 목적이나 소망을 이루기에는 적합하지 않다.

욕먹을 각오로 말하자면, 나는 굳이 속독을 배울 필요가 없다고 단언한다.

속독은 빠르게 달리는 고속열차 안에서 바라보는 풍경과 같다. 초고속으로 달리는 고속열차 안에서 스치는 바깥 풍경을 눈에 담을 수 있을까. 산과 들의 초록 풍경은 분간하겠지만, 건물의 수나 사람들, 간판 디자인 등은 어떨까. 아마 눈으로 풍경을 쫓기 바쁠 것이다. 하물며 3분이라는 시간에 책 1권을 읽는다는 속독은 음속으로 날아가는 제트기의 세계와 다를 바 없다. 뇌에 상당한 부담이 간다. 그런 상황에서 풍경을 뇌에 새기겠다는 것은 프로 중의 프로 파일럿도 불가능하지 않을까.

2008년, 속독협회가 공인한 속독 챔피언에게 《해리포터》를 읽게 한 적이 있다. 그 챔피언은 마치 사전 같이 두꺼웠던 그 책을 단 45분 만에 다 읽었다. 참으로 경이로운 속도라고 할 수 있다. 그 챔피언에게 감상평을 부탁했더니 이런 답이 돌아왔다.

"걸작 중의 걸작이다. 아이들에게 인기 있을 만하다. 아이들의 창의력을 북돋우고 또 아이들을 슬프게 하는 장면도 있었다. 어쨌든 최고의 작품이다."

어떤가. 당신이 책을 읽은 결과 이렇게밖에 감상을 말할 수 없다면 과연 그 내용을 기억해야 할 의미가 있을까.

"뭣이 중헌디?"

여기까지 읽었다면 잘 이해했겠지만, 초격차 독서법은 우뇌를 활용해 마치 사진을 찍듯 책을 보거나 눈을 빠르게 움직여 책을 보는 등의 그런 미심쩍은 방법은 절대 등장하지 않는다. 눈 움직임 같은 이야기는 어떤 의미에서 본질이 아닌 아주 작은 기술에 불과하다.

눈을 아무리 남보다 빨리 움직인다고 해서 사업에서 성공할 리도 없고 교양인이 될 수도 없다.

'눈을 저렇게 빠르게 움직이는 사람이 있다니, 신기하군!', '〈세상에 이런 일이〉 같은 프로그램에라도 나갈 건가?' 정도의 인상밖에 주지 못한다.

눈 근육을 단련하여 단순히 책을 읽는 분량을 늘리거나 책을 이미지화해 최대한 많이 입력하는 행위는 눈과 뇌를 혹사할 뿐이라 추천할 것이 되지 않는다. 축구를 배울 때 헤딩을 잘하기 위해 매일 이마 근육을 단련하라는 말을 듣는다면 어떤 생각이 들까. 상식적으로 생각해도 수명이 단축될 것 같지 않은가? 과학적으로 입증되지 않은 그런 방법으로 몸을 혹사해도 되는지 나는 오히려 걱정이 앞선다.

눈은 그렇게 단련할 그 어떤 이유가 없다. 무엇보다 눈은 그 어떤 신체 부위보다 약한 곳이다.

특히 나는 다른 사람보다 안압이 낮은 편이라 망막이 떨어져 시각 장애를 일으킬 수 있는 망막박리증이 발생할 가능성이 높다는 의사의 경고를 들은 적이 있다. 이 사실은

안과 진료를 받던 중 우연히 알게 되었다. 그 후로는 이런 훈련을 해서는 안 된다고 생각해 주의하고 있다.

여러분도 이런 훈련에 너무 집착하거나 혹시나 하는 마음에 계속 따라 하지 않았으면 한다.

 ## 부질없는 속독

2016년, 캘리포니아 대학교 연구팀은 속독과 관련한 논문을 하나 발표한다. 이 논문은 200건에 이르는 관련 연구와 데이터를 정리한 것으로 책을 카메라로 촬영하듯 판독하거나 눈을 빠르게 움직이는 기술은 과학적으로 신빙성이 없다고 단언한다. 눈 근육의 움직임 속도가 독서에 미치는 영향도 10% 이하였다고 밝혔다. 아무리 눈 근육을 빠르게 움직일 수 있도록 단련해도 소용없다는 말이다.

생명과도 같은 시간

초격차 독서법과 속독의 차이에 관해 좀 더 자세히 알아보자.

책을 빨리 읽는 것은 분명 대단한 일이기는 하다. 하지만 남들보다 10배 빨리 읽어 10배의 여유 시간을 갖게 된다면 어디에 사용해야 할까?

속독은 이 질문에 답해주지 않는다. 하지만 사실 이것이 야말로 본질이다. 그런데 의외로 이 사실을 깨닫고 있는 사람은 많지 않다.

인생에서 가장 중요한 것은 시간이다.
시간은 생명 그 자체다.

속독은 빨리 읽고 다음 책도 빨리 읽으라고 한다. 그래야 많은 책을 읽을 수 있다고. 여기서 묻고 싶은 게 있다. 그럼 언제까지 읽을 것인가? 그 끝은 어디인가? 그렇게 계속 책만 읽을 것인가? 남들보다 100배나 되는 책을 읽은 후 어떤 변화가 찾아왔는가? 그렇게 많은 책을, 빨리 읽어낸 당신의 인생은 즐거워졌는가? 한정된 시간을 책을 읽는 데만 사용해도 괜찮을까?

속독 학원에 다녔던 지인은 직접 강좌를 개설할 수 있는 자격도 얻어 주말에는 속독 강사로 일하고 있다. 소소한 부업이 생긴 셈이다. 그러나 아직도 본업의 수입이 적다고 푸념한다. 더구나 회사가 합병을 앞두고 있어 정리해고가 곧 시작될 거라는 소문이 돌아 두렵다는 말도 한다. 그는 회사를 나와 독립하겠다고 늘 말하곤 하지만, 아직도 직장인일 뿐이다. 부업인 속독 강사 수입만으로는 가족을 부양할 수 없다. 부양은커녕 가족과 보낼 시간은 오히려 줄어들 뿐이다. 앞으로는 그렇게 좋아했던 책 읽을 시간도 제대로 내기 어려울 것 같다며 한숨을 쉬었다.

　이것은 하나의 사례다. 나는 이 지인이 불행하다는 것을 말하려는 게 아니다. 속독을 가르치는 것의 충실함은 돈에 비할 바가 아니다. 다만, 목적이나 소망을 이루지 못하면 나중에 후회할 수도 있다는 점만은 명심하자.

　유감스럽지만, 당신의 커리어는 나이나 직업에 상관없이 유통기한이 있다. 그리고 잃어버린 시간은 두 번 다시 되돌릴 수 없다. 초격차 독서법과 속독의 차이가 막연하게만 느껴지는 사람은 이 부분을 곰곰이 생각해보자.

이재 어조해,

아리랑도 공허해지고

시간 언덕가

'넥스트 레벨'을 향해

초격차 독서법을 활용하면 어떤 세계가 펼쳐질까? 지금까지와 전혀 다른 새로운 세계가 펼쳐진다고 해도 과언이 아니다.

업무 중 잠깐 짬이 났거나, 상담 전 잠시 쉬는 시간 혹은 카페에서 친구를 기다리는 그런 일상의 짧은 틈에도 초격차 독서법이라면 책 1권을 읽을 수 있다. 게다가 확실히 기억에 남아 잊어버리지 않는다. 뇌에 기억이 차곡차곡 저장되어 상담 전 잠시 읽은 책의 에센스를 바로 클라이언트에게 전할 수 있다. 만약 팀의 리더라면 그 자리에서 팀원에게 지식을 전달할 수도 있다.

나는 회사를 경영하면서 주식 투자로 많은 자산을 구축했다. 물론 나에게 특출한 재능이 있었던 것은 아니다. 처음에는 증권회사 계좌를 개설하는 방법도 몰랐으니 시작은 여러분과 전혀 다를 바 없다. 그랬던 내가 성공할 수 있었던 이유를 찾는다면, 경영으로 바쁜 와중에도 자투리 시간을 이용하여 꾸준히 주식 투자 책을 읽은 것밖에 없다.

책 1권을 30분 만에 3회 읽으며 구매한 주식 관련 책들을 계속해서 소화해 갔다. 책에서 읽은 지식은 차곡차곡 뇌에 각인되었고, 결과적으로 나는 초격차 독서법으로 얻은 지식만으로 30대에 수십 억대의 자산을 손에 넣었다. 그것도 전부 일하는 틈틈이 읽은 책에서 얻은 지식만으로.

이처럼 초격차 독서법으로 책을 읽으면 당신의 인생은 극적으로 바뀔 수 있다.

억대 연봉자의 평균 독서량

독서를 꾸준히 하면 직장에서 인정받거나 성공할 가능성도 높아진다. 책 읽는 습관을 들이면 사고방식과 행동이 바뀌기 때문이다. 이번에는 엘리트 비즈니스맨과 부유층이라 불리는 사람들이 어떻게 독서를 무기로 만드는지 알아보자. 이 부분을 이해하면 초격차 독서법을 시작하는 데 좋은 동기 부여가 될 것이다.

예를 들어, 연봉을 올리고 싶다고 하자. 목표는 얼마라도 좋으니 이왕이면 1억으로 하자. 1억이라고 하면 아직 그 정도를 받지 못하는 사람에게는 굉장히 문턱이 높아 보인다. 그도 그럴 것이 회사원 연봉을 기준으로 1억이면 상위 5% 정도에는 들 수 있기 때문이다. 그렇다면 구체적으로 연봉 1억 이상의 고액 연봉자라 불리는 사람들은 매달 평균 몇 권의 책을 읽을까?

엘리트 비즈니스맨에게 인기 있는 잡지 〈프레지던트〉를 발행하는 프레지던트사에서는 해마다 성공한 비즈니스맨의 습관을 특집으로 다룬다. 그중 독서에 관한 앙케트 조사가 있는데, 이 조사에 따르면 1억 이상의 연봉을 받는 고액 연봉자들은 매달 7권의 책을 읽는다. 수십 억대를 버는 부유층은 그보다 좀 더 많은 책을 읽거나 아침마다 책을 읽는 습관이 있었다.

미국의 대표적인 억만장자 빌 게이츠는 매일 밤 자기 전에 책 읽는 습관이 있다. 일론 머스크와 워런 버핏도 유명한 다독가다. 이처럼 비즈니스에서 성공하는 과정이나 자산을 형성하는 과정에서도 독서는 상당히 중요한 무기가 된다.

이 말만 듣고 '뭐야, 나랑 상관없는 이야기잖아', '결국 강한 의지가 없으면 성공할 수 없다는 얘기네' 하고 포기할지도 모른다. 그러나 잠깐, 여기서 잘 생각해보자.

우선, 현실적인 문제로 사람들은 대부분 1달에 책을 1권도 읽기 힘들다. 혹은 전혀 읽지 않는 사람도 적지 않다. 하지만 당신 주위의 최고 경영자나 억만장자라 일컫는 사람은 1달에 평균 7권 정도의 책을 읽는다. 이 숫자를 보고 당신은 어떤 생각이 드는가. 지금의 여건이 어떻든 훗날 초격차 독서법을 마스터한다면 그 정도는 읽지 않을까.

그렇다, 여러분도 충분히 도달할 수 있는 숫자다. 적어도 여러분이 읽은 책의 권수만은 억만장자에 뒤지지 않을 것이다. 생각만으로도 벅차지 않은가.

"야, 너두 할 수 있어"

'초격차 독서법을 실천해보고는 싶은데, 과연 책 1권 읽는 데 며칠씩 걸리는 나 같은 사람도 가능할까?' 이런 생각을 하는 분도 있을 것이다. 결론부터 말하자면, "전혀 문제없다."

사실 책을 읽어본 사람들 대부분은 지금까지 살아오면서 매우 빠르게 책을 읽은 경험을 한 번씩은 해보았다. 나도 초격차 독서법의 메리트를 알기 전에도 엄청난 속도로 책을 읽은 경험을 했었다. 언제였을까? 그것은 바로 서점 매대 앞에 서서 읽었을 때다. '서서 읽을 때라고?' 하며 의아해할 수 있겠지만 이것은 뇌 과학적으로도 검증된, 매우 효과적인 방법이다.

우연히 들른 서점에서 눈에 띈 책을 손에 들고 단숨에 읽어내려갔던 경험은 누구나 한 번쯤 있을 것이다. 책의 장르는 상관없다. 나의 경우처럼 경제경영 분야의 책일 수도, 여행 안내서 같은 실용 분야의 책일 수도 있고 연금이나 투자 같은 재테크 관련 책일 수도 있다. 이때 사람은 누구나 가장 빨리 읽는다.

일단 내가 산 책이 아니라는 점이 큰 요인이다. 그렇기 때문에 심리적 부담이 현격히 줄어든다. 한정된 시간에 나의 목적에 맞는 책만 쏙쏙 뽑아 읽으니 아무런 심리적 부담이 없다. 그런데 이른바 '내돈내산'이 되면 갑자기 장애물이 높아진다. 투자 비용을 생각하지 않을 수 없기 때문이다. 서점에서 잠깐 읽을 때는 아무런 압박이 없어 엄청나게 빨리 읽을 수 있다.

속독을 배운 적도 없고 점심시간에 10분 정도 잠깐 서서 읽었을 뿐인데 책 내용이 머리에 쏙쏙 들어왔던 적은 없는가.

사실 당신은 스스로 깨닫지 못하는 새 뇌가 편안한 상태에서 이상적인 초격차 독서법을 하고 있었던 것이다. 게다가 목적에 꼭 맞는 책을 읽으니 잊어버리지도 않는다.

실생활에도 바로 활용할 수 있다. 서점에서 사무실로 돌아와 책이 준 지식을 그대로 따라 해본다. 집에 돌아가서는 재빨리 여행 가이드북에 실린 맛집을 예약한다. 이것이 15분에 읽고 실제로 활용하는 감각이다. 꼭 이 감각을 기억하기 바란다.

남녀노소 누구나, 지금 당장

서점에서 서서 읽는 이미지를 떠올리면 초격차 독서법에는 지식도 기술도 필요 없음을 알 수 있다. 일반적인 속독과 달리 초격차 독서법은 특별한 레슨이나 트레이닝이 일절 필요 없다.

인간의 한계에 도전하는 듯한 안구 트레이닝과 2~3분에 책 1권을 읽는 초인적 능력은 익힐 필요가 없다. 그런 요구는 특히 고령인 분에게 치명적이다. 뇌뿐만 아니라 눈까지 이상해진다.

초격차 독서법은 어떤 지식도 기술도 필요 없다. 비즈니스맨이나 학생만이 아닌, 주부나 시니어도 지금 바로 시작할 수 있다.

이 책에서 소개하는 방법을 활용하면 자신을 혹사하지 않아도 누구나 속독법을 손에 넣을 수 있다. 여러분은 더 편안하게 책을 즐기면서 스스로 인생을 바꿔가기만 하면 된다.

부담 없이 편안하게

초격차 독서법은 이미 설명했듯이 책 1권을 30분 만에 3회 읽는 방법이지만, 이 3회에는 앞서 설명한 분산 효과 외에도 명확한 이유가 더 있다. 사람은 심리적 부담이 있으면 뇌가 제 기능을 하지 못하기 때문이다.

미국 버지니아 대학교 데니스 프로핏 교수의 실험을 소개한다. 이 실험에서는 피실험자에게 무거운 짐을 지게 하는 압박을 부여하고 눈앞에 보이는 언덕의 경사도를 어림하게 했다. 그 결과, 짐이 적어 가벼운 상태보다 무거운 짐을 진 상태에서 언덕 경사도를 훨씬 가파르게 어림했다.

더 흥미로운 점은 우울한 음악과 경쾌한 음악을 들려주고 같은 실험을 했을 때의 결과다. 이때도 경쾌한 음악을 들었을 때보다 우울한 음악을 들었을 때가 약 2배 가까이 언덕의 경사도를 가파르게 어림했다.

이처럼 심리적 부담을 안고 있으면 뇌의 작용이 둔해진다.

만일 초격차 독서법이 30분에 1회 읽는 방법이라면 어땠을까. '이번이 마지막 기회다.' '실패하면 어떡하지?', '단번에 끝내야 해!' 이런 생각이 들어 당연히 심리적 부담이 훨씬 커진다. 그러면 뇌의 작용이 둔해져 기억을 제대로 정착시키기 어렵다.

단번에 암기하려 하거나 전부 이해하려고 자신을 몰아세우면 아무래도 심리적 장애물이 높아진다. 사람에 따라서는 그 사실만으로 초조해져 독서에 집중하기 어렵다. 혹은 뇌를 그 상태로 두면 스스로 제어하기 어려워져 같은 부분을 몇 번씩 다시 읽는 등 시간상으로 큰 손실이 난다. 이런 심리상태라면, 솔직히 초격차 독서법을 하지 않는 편이 낫다.

그럴 때는 차라리 '3회 읽고 이해하면 되잖아!'라고 편하게 생각하자. 말할 것도 없이 심리적 부담이 확 줄어든다. 사람은 '다음이 있다', '내일이 있다'라고 생각하면 마음에 여유가 생기는 법이다.

까짓것, 실패 좀 하면 어때

뇌는 원래 매우 활발하게 활동하는 장기다. 체중의 2% 정도밖에 되지 않지만, 전체 에너지의 25%나 사용한다.

뇌에는 해마라는 부위가 있는데 이 해마가 기억의 열쇠를 쥐고 있다. 뇌가 기억하겠다고 정한 것은 장기간 해마에 보존된다. 해마 부근에는 편도체라는 부위가 있다. 도쿄 대학교 의학부의 연구 결과에 따르면, 이 편도체는 설렘을 느낄 때 해마에 작용하여 기억력을 높인다고 한다. 이것은 무엇을 의미할까?

무언가를 학습할 때는 아무리 좋은 책이나 교재라도 먼저 즐기지 않으면 의미가 없다는 뜻이다.

마음먹은 대로 되지 않아 실패하더라도 어떻게든 긍정적으로 생각한다. "실패는 성공의 어머니"라는 말처럼 실패에서 배우기 때문에 새로운 방식도 생겨난다. 항상 긍정적으로 자신을 개선해간다.

초격차 독서법을 할 때도 빨리 읽어야 한다고 초조해하지 말고 독서 그 자체를 즐기는 여유를 갖자.

▲
▲

초격차 독서법은
책 속 지식을
무기로 바꿔준다

▲
▲

빠르게 많은 지식을 그리고 변화까지

이미 수차례 이야기했듯이 초격차 독서법은 뇌 과학 원리에 기반한 방법이다. 그렇기 때문에 책 속의 지식이 기억에 쉽게 정착된다. 여러분의 인생 목표나 과제와 연관 짓거나 에피소드 기억으로 각인하는 방법으로 읽으면 빨리 읽으면서도 잊어버리지 않는다. 초격차 독서법을 무기로 하면 독서 속도, 지식 습득, 적용까지 비약적으로 성장한다

앞에서도 강조한 것처럼 초격차 독서법은 책을 단순히 빨리 읽기만 하는 기존의 속독과 달리 내용을 뇌에 기억으

로 정착시켜 일이나 성과로 이어가는 방법이다. 이것이 가능하면 일도 생활도 즐거워진다. 직장인만이 아니다. 나중에 다루겠지만 학생이나 시니어도 마찬가지다. 독서가 꾸준히 성과로 이어지면 뇌 과학적으로도 자기 긍정감이 높아진다. 이 자기 긍정감은 자신감으로 이어진다.

이 책의 제목처럼 초격차 독서법은 원 없이 책을 읽을 수 있으면서, 지식을 복리로 쌓고, 게다가 삶의 변화를 이뤄 부자가 될 수 있는 기적의 독서법이다.

초격차 독서법을 계속하면 성과로 이어지고, 자신의 가치관이나 주위의 피드백으로 이어진다. 이런 식으로 자신을 파악할 수 있다면 하루하루가 지금보다 밝게 느껴지지 않을까. 성격도 점점 긍정적으로 된다.

속도 × 지식 × 행동

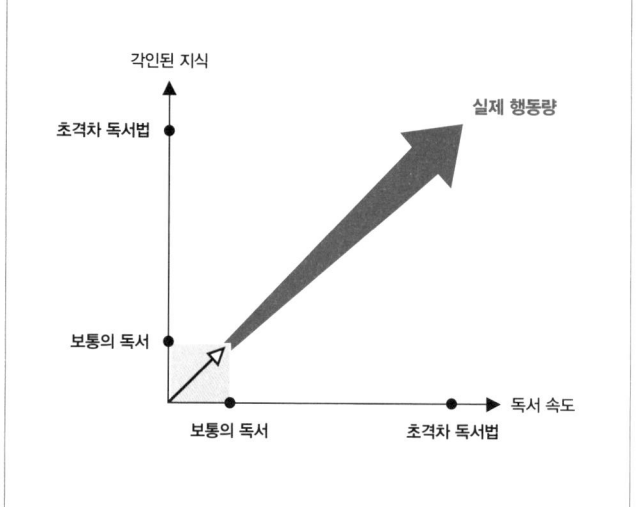

인터넷 정보의 치명적인 문제점

인터넷에 대한 이야기를 하면 반드시 등장하는 질문이 있다. "인터넷으로 정보를 수집하면 시간도 단축되니 지금이야말로 책이 필요 없는 시대 아닌가요?" 물론 인터넷으로 정보를 검색하는 방법도 유익하다. 나는 인터넷 검색의힘을 부정하지 않는다. 검색만 하면 알고 싶은 정보가 단번에 쫙 펼쳐진다. 이런 편리한 도구를 사용하지 말라고 하는게 오히려 잔인하다. 단, 인터넷 정보에는 결점이 있다.

우선, 기억에 남지 않는다. 그리고 완성도가 떨어진다.

그렇다면 왜 인터넷 정보는 금방 잊게 될까? 인터넷 기사는 그냥 왼쪽에서 오른쪽으로 문자만 따라가면 되게끔, 누군가가 강한 사명감으로 쓴 정보가 아닌 경우가 많기 때문이다. 물론 모든 인터넷 정보가 그렇다는 말은 아니다. 하지만 인터넷 정보는 독자에게 가치를 전하고자 하는 사명감이나 독자의 성장을 바라는 마음이 있다고는 하기 어렵다.

일단 목적부터가 다르다. 인터넷 정보가 향하는 방향은 검색 엔진 구글이다. 인터넷 정보는 책보다 가능한 한 빠르고 효율적으로 편집하여 구글의 좋은 평가를 받아 검색 상위에 오르려 하기 때문이다. 독자가 아닌 구글을 최우선으로 하는 것이다. 게다가 그 정보의 질도 담보하기 어려운 경우가 많다. 많은 사람들이 이 사실을 깨닫지 못하는 이유는 애초에 올바른 정보를 접할 기회가 적기 때문이다.

나처럼 책을 많이 읽은 사람은 인터넷 정보를 읽으면 실수나 잘못된 표현이 눈에 들어온다. 일부러 표현을 순화하거나 일부 내용을 고의로 누락하는 경우도 발견했다. 이것

역시 검색 엔진의 최적화를 고려하면 어쩔 수 없는 부분이기도 하다. 검색 엔진을 상대하려니 아무래도 왜곡이 일어날 수밖에 없다.

한편, 장점도 있다. 인터넷 검색의 가장 큰 장점은 필요한 정보를 즉시 얻을 수 있다는 것이다. 지금은 스마트폰 화면을 터치만 해도 바로 정보를 찾을 수 있다. 필요한 정보를 얼른 손에 넣고 싶다면 인터넷 정보가 적합하다. 또한, 책과 비교했을 때 카테고리의 분류가 명확하고 인터넷 상에 재편집된 콘텐츠인 만큼 확실히 쾌적하고 술술 잘 읽힌다. 하지만 그런 메리트에 비해서는 기억에 잘 남지 않는다. 왜냐하면, 일단 스스로 답을 찾아내는 과정이 완전히 생략되었기 때문이다. 사물을 깊이 이해하거나 주변 스토리와 에피소드로 기억에 축적하는 작업을 하는 데에도 적합하지 않다.

우리는 일과 생활을 통해 더 성장하기를 바란다. 인생의 목적이 무엇이든 그것을 이루고자 하는 사람은 역시 책을 제대로 읽는 것을 중요하게 생각한다. 특히 읽는 데 시간이 많이 걸리지 않고 내용이 기억에 제대로 정착되는 독서법으로 말이다. 그 내용을 행동이나 성과로 바꾸어 가는 것이 인생에서 의미 있는 일임을 잘 알고 있기 때문이다.

공부도 초격차 독서법으로

자격시험이나 입학시험을 코앞에 둔 사람은 늘 시간에 쫓긴다. '기출 단어도 아직 다 외우지 못했어', '3일 전에 외운 공식을 벌써 잊어버렸어', '당장 내일이 시험인데 도통 머리에 들어오지 않아.' 이럴 때 강력한 지원군이 되어주는 것이 빨리 읽고 기억에도 잘 정착하는 초격차 독서법이다. 물론 아예 펼쳐본 적도 없는 참고서를 갑자기 빨리 읽기는 어렵겠지만, 시험장에서 쓱 훑어보기에는 안성맞춤이다. 이미 여러 번 통독한 참고서라면 뒤에서 자세히 다룰 '파란 펜 메모'를 더하여 중요한 부분을 금세 확인할 수 있다.

다용도 가위처럼 초격차 독서법도 여기저기 요긴하게 활용하자. 당신이 어떻게 활용하느냐에 따라 강력한 지원군이 되어줄 것이다.

또한, 뇌에 기억을 정착시키려면 수면도 필요하다. 공부가 잘된다고 밤을 새우고 시험장에 가는 일만큼은 피해야 한다.

금빛 인생 후반전을 위해

책을 정말 좋아하지만, 유감스럽게도 가끔은 읽은 시간이 아까워지는 책이 있다. 그럴 땐 왠지 맥이 빠지고 기분이 처지기도 하는데, 특히 어르신 중에 이런 경험을 한 분이 많은 것 같다. 아마 평균 수명에 비춰봤을 때 한창 활동하는 40~50대보다 남은 시간이 적은 만큼 더 절박하기 때문이 아닐까.

실제로 지인인 한 어르신은 이렇게 탄식했다. "정년을 계기로 여유가 생겨 서양사 시리즈에 도전했어요. 역사란 자고로 영웅호걸의 전쟁 스토리에 용맹함이 넘쳐나야 하지 않나요? 그런데 그 책은 담담하게 사실만 나열하여 전혀 짜릿함이 없어요. 혹시나 하고 3권까지 꾹 참고 읽었는데 결국 내던져버렸어요." 그 서양사 시리즈는 12권 전집이라고 한다. 이분은 돈뿐만 아니라 시간까지 허비한 셈이다.

나도 똑같이 책을 좋아하는 사람으로서 '이 분을 좀 더 일찍 만났더라면' 하는 안타까운 생각이 들었다. 왜 그런지 여러분도 알 것이다. 나와 조금만 일찍 만났더라면 내가 초격차 독서법의 존재를 알려줬을 테니 말이다. 말할 것도 없이 초격차 독서법은 시니어도 간단하게 익힐 수 있다. 그랬으면 일단 1권을 쓱싹 읽고, 아니다 싶으면 포기해도 되었을 텐데 말이다. 물론 시니어에게 맞는 장르는 역사만이 아니다. 자산 운용 책이든 감성적인 에세이든 얼마든지 있다. 초격차 독서법은 시간에 제약이 있는 시니어에게도 더없이 안성맞춤인 독서법이다.

새로운 세계를 보여주는 독서

고민은 가정이라는 작은 단위 안에서도 끊이지 않는다. 연일 반복되는 가정 내 사건 사고 보도만 봐도 바로 알 수 있다. 가정 내에만 있으면 자칫 시야가 좁아지기 쉽고, 가까운 사람의 사고방식에도 적지 않은 영향을 받는다. 시야를 넓히고 싶어도 육아에 쫓기거나 혹시라도 병 수발이 필요한 부모님이 계신다면 현실적으로 늘 바깥 세계를 접하기란 불가능하다.

여기서도 초격차 독서법이 해결책으로 등장한다. 현실

세계에서는 좀처럼 시야를 넓히기 어려워도 책의 세계라면 육아 전문가의 의견도, 심리학 대가의 사상도 배울 수 있다. 초격차 독서법이라면 시간이 많이 들지 않아 육아나 병수발하는 틈틈이 읽을 수 있다. 초격차 독서법은 비즈니스맨 뿐만 아니라 수험생, 주부, 시니어 등 어떤 여건에서든 '시간이 없는 사람'에게 최적의 독서법이다.

여러분의 인생 목표는 무엇인가

이번 장을 마무리하는 지금, 여러분에게 꼭 하고 싶은 말이 있다.

빨리 읽는 것만으로는 인생의 목표를 달성할 수 없고, 일에서 성공하거나 출세할 수 없다. 중요한 것은 '초격차 독서법을 어떻게 무기로 바꿀 것인가?'라는 사고다.

한때 NLP Neuro-Linguistic Programming라는 심리학이 유행했다. 번역하면 '신경언어학프로그램', '뇌 취급 설명서' 정도다. 하지만 세미나 강사를 제외하고 NLP만으로 성공한 사람이 있을까. 남들만큼만 하면 커뮤니케이션 능력이 높아진다고 해도, 실제로 그것을 현장이나 교육에서 살리기는 어려운 법이다. 실제로 남들과 똑같이 움직여도 당신이 성공한다는 보장은 없다. 초격차 독서법도 마찬가지다.

초격차 독서법을 여러분의 목표나 환경에 맞춰 어떻게 활용하느냐가 관건이다.

무엇을 중요시할 것인가? 어디에 초점을 둘 것인가?

독서가 여러분의 삶에 도움이 되려면 특히 이런 시점이 중요하다.

구체적인 목표를 갖고 책을 읽으면 무엇을 취하고 무엇을 버려야 하는지 전부 알 수 있다. 그것을 어떻게 활용할지, 어떻게 행동으로 이을지도 명확해진다. 그렇게 독서는 인생의 무기로 바뀌어 간다. 목적이 명확할수록 뇌에 방아쇠가 당겨져 읽은 내용이 기억에 남는다. 그런 의미에서도 초격차 독서법을 시작할 때는 먼저 독서를 통해 이루려는 목표를 명확히 해야 한다. 다시 말해, 인생 100세 시대에 어떻게 하면 헛되지 않게 자신의 가치를 높일지 진지하게 생각할 필요가 있다.

그러기 위해 먼저 자신의 가치를 높이는 무기를 손에 넣어야 한다. 즉 초격차 독서법으로 얻은 지식을 간단하게 행동하는 힘으로 바꾸는 방법을 익혀야 한다. 자신의 가치를 높여 가면 미래를 개척하는 힘이 생긴다. 그래야 비로소 인생의 목표가 이뤄진다.

 # 초격차 독서법 활용 사례

경력 단절로 고민하던 41세 여성 B씨

맞벌이를 할 때는 적지 않은 수입을 올렸지만 아이들의 교육 문제로 고민하다 퇴직하게 되었다. 남편의 수입만으로는 아무래도 노후 자금을 마련할 수 있을지 불안했다. 아이들이 대학에 진학하게 되면 저축할 수 있는 금액도 대폭 줄어들 게 뻔했기 때문이다. 실패 없이 노후 자금을 모을 방법이 간절했다.

이런 생각으로 고민에 빠져 좋은 방법을 찾을 수 있지 않을까 하는 마음에 서점에 갔다. 그때 만나게 된 것이 이 책《부자들의 초격차 독서법》이었다. 인터넷은 편하긴 해도 정보의 진위를 알 수 없고, 책을 보아도 집안일로 바빠 1권 읽기도 버거웠다. 하지만 초격차 독서법은 같은 시간에 10배 이상의 책을 읽고 지식을 습득할 수 있었다. 그렇게 얻은 지식을 바탕으로 효과적인 투자처를 찾을 수 있었고 앞날에 대한 불안을 해소할 수 있었다.

언제、어디서든、
누구에게나 필요한
초격차 독서법

완전하게 달라진

자신의 모습이

기대되지 않는가?

지식의 집을 만들 7권의 책

초격차 독서법이 무엇인지, 이를 통해 어떤 이득을 얻게 될지 알게 된 여러분은 아마도 초격차 독서법을 어떻게 활용할지 고민하고 있을지도 모른다.

여러분이 이루려는 목표만 명확하다면 어떤 분야의 책이든 초격차 독서법으로 얻게 될 지식을 무기로 바꿀 수 있다.

독서에 대해서는 아는 것이 1도 없는 문외한이어도 괜찮다. 초격차 독서법을 활용하면 누구나 지식인이 될 수 있다.

절대 꿈같은, 허황된 이야기가 아니다. 나는 여러분 각자가 가지고 있는 무한한 가능성이 느껴진다. 사실 가능성은 나이와 전혀 상관이 없다. 이 세상에는 동서고금의 모든 지혜가 담긴 책이 여러분 앞에 준비되어 있기 때문이다.

그렇다면 완전 문외한인 어떤 분야에 대해 새롭게 공부하려고 할 때 책을 얼마나 읽어야 정통해졌다고 자신 있게 말할 수 있을까?

나는 한 분야의 책을 7권 읽으면 그 분야의 지식인이라 부를 만한 지식을 얻을 수 있다고 생각한다. 예를 들어 여러분이 사내 부서 이동을 계기로 마케팅 분야에 관심을 갖게 되었다고 하자. 마케팅의 기초에서 시작해 좀 더 구체적으로 마케팅 프로젝트를 성공으로 이끌 수 있는 요령, 마케팅을 전개할 때 발생할 수 있는 장래의 리스크와 대비 방법 등에 대해 궁금할 것이다. 나의 경험으로 조언하자면 이럴 때는 3단계에 걸쳐 읽을 마케팅 분야의 책 7권이 필요하다.

좀 더 구체적으로 살펴보자. 첫 번째 단계는 튼튼한 기초를 다지는 과정이다. 기초를 다지기 위해서는 2권의 책이 필요하다. 해당 분야의 여러 책 중에서 삽화나 그래프 등 이해를 도울 시각적 자료가 많이 포함되어 있거나 지식을 전혀 갖추지 않은 상태에서도 읽을 수 있는 입문서를 고른다. 기초 지식을 습득할 수 있는 책 2권을 읽으면 그 분야의 대략적인 얼개와 용어 정도는 충분히 이해할 수 있다.

두 번째 단계는 기초 지식을 바탕으로 응용력과 판단력을 높이는 과정이다. 이를 위해서는 3권의 책이 필요하다. 여기서 중요한 것은 같은 분야를 다루더라도 관점이 다른 책을 선택하는 것이다. 하나는 구체적인 성공 사례를 다룬 책을 고른다. 또 다른 하나는 실패 사례를 통해 타산지석으로 삼을 통찰을 배울 수 있는 책을 고른다. 마지막으로는 구체적인 노하우를 담은 책을 고르면 좋다. 이렇게 다양한 시각으로 접근한 책을 고르면 폭넓은 지식을 얻을 수 있다. 그렇게 얻은 지식을 아웃풋 노트에 정리하면 머릿속에 입력되는 지식과 삶을 바꿀 수 있는 행동력이 비약적으로 상승하게 된다.

마지막 단계는 해당 분야의 전문성을 높이는 과정이다. 그러기 위해서는 전문가 수준의 정보를 담은 2권의 책이 필요하다. 만일 첫 번째와 두 번째 단계의 책 5권으로 그친다면 어떻게 될까? 아마 여러분의 지식 정도는 그 분야를 어느 정도 아는 사람에서 멈출 것이다(물론 한 분야의 아마추어에서 여기까지 도달한 것도 대단한 일이기는 하다). 하지만 여러분의 지식을 강점으로 완성해 주변 사람으로부터 인정을 받으려면 아무래도 전문가 수준의 책이 필요하다.

전문가 수준의 책이란 결코 난해한 책을 말하는 것이 아니다. 여러분의 직종이나 현재 몸담고 있는 환경에서 구체적으로 활용할 수 있는 내용을 담은 책을 말하는 것이다. 예로 들고 있는 마케팅 측면에서 본다면 오프라인 마케팅인지 온라인 마케팅인지, 혹은 기업과 기업 간의 B2B 마케팅인지 개별 소비자를 대상으로 한 마케팅인지 등 여러분의 상황에 맞는 책을 고르면 된다.

이 마지막 단계까지 이르면 필요한 지식을 갖추는 것은 물론이고 업무 전문성을 갖춘 준비된 인재라는 인상을 주기에 충분하다. 기초를 쌓는 첫 번째 단계를 토대로 해 응용 능력과 판단 능력을 갖추게 해줄 두 번째 단계를 기둥으로 마지막 단계에서는 여러분만의 지식의 집을 짓는다는 생각으로 읽어나가길 바란다.

세계적인 컨설팅 회사인 맥킨지의 일본 지사 대표를 지낸 오마에 겐이치는 매년 새로운 분야에 도전해 공부한다고 말한다. 그는 1년에 걸쳐 한 분야의 책을 파고들면 그 분야에 정통해질 수 있었다고 한다. 하지만 세계를 무대로 활약하며 깊은 지식을 갖춰야 할 필요가 있었던 오마에와 달리 우리에게는 그렇게까지 투자할 시간적 여유도, 필요도 없는 것이 사실이다.

앞서 책 7권이면 한 분야의 지식을 충분히 습득할 수 있다고 했다. 초격차 독서법을 활용한다면 7권의 책을 읽는 데 단 1~2주면 충분하다. 어떤 지식도 갖추지 못했던 분야에 대해 단시간에 지식을 쌓아 활용할 수 있는 것이다. 이 과정을 꾸준히 반복한다면 1년 후에는 부와 성공에 부쩍 가까워진 자신을 발견하게 될 것이다.

초격차 독서법의 선물 ① : 논리적 사고력

초격차 독서법을 활용하면 논리적 사고력을 몸에 익힐 수 있다. 세상이 돌아가는 원리와 사물을 해석하는 힘을 단련하게 되기 때문이다. 머릿속이 정리되지 않은 상태에서 모호한 해석만으로는 아무리 노력해도 논리적 사고가 몸에 배지 않는다. 어떻게 하면 생각을 자신만의 언어로 바꾸어 더 쉽게 전할 수 있을까? 이럴 때 필요한 것이 바로 독서다. 독서를 통해 새로운 지식을 쌓고 이를 바탕으로 생각의 정리를 반복하면 논리적 사고는 내 것이 된다.

초격차 독서법의 중요한 축인 아웃풋 노트는 이런 훈련에 최적화되어 있다. 이것을 실천한다면 결과적으로 여러분의 논리적 사고력은 쑥쑥 성장할 것이다.

책을 읽으면서 아웃풋을 늘 의식하면 절로 머릿속에 정리된다. 자신에게 부족한 경험이나 책을 통해 얻게 된 지식의 반응으로 발생한 의문과 마주하게 되기 때문이다. 결국 그것들을 보완하려는 목적의식을 자연스럽게 갖게 되고 새로운 지식을 찾는다. 이렇게 정리된 생각으로 아웃풋을 단련하다 보면 머릿속에 입력되는 지식의 질과 밀도도 높아지기 마련이다.

속독처럼 단순히 빨리 읽는 것만으로는 논리적 사고력을 거의 습득할 수 없다. 의미 없이 책을 읽는 행위만으로는 여러분의 잠재의식까지 바꿀 수 있는 사고방식이 자리를 잡지 못하고 결국 행동으로 나타날 수 없기 때문이다.

아웃풋 노트를 활용한다면 논리적 사고력은 여러분의 것이 될 수 있다.

초격차 독서법의 선물 ② : 아이디어 시드뱅크

항상 아웃풋을 의식하는 독서는 꼬리에 꼬리를 무는 생각의 연결로 새로운 아이디어를 가져온다. 초격차 독서법이라면 머릿속에 축적한 지식의 아웃풋이 배가되어 이에 따른 새로운 아이디어도 배가된다.

새롭고 놀라운 아이디어란 흔치 않은 생각을 조합하는 것의 반복이 될 수밖에 없다. 대부분 다른 사람들은 주목하지 못했던 사물이나 현상 간의 연결을 통해 발견한 제3의 무언가이거나, 이들의 합종연횡으로 탄생한 결과물이기 때문이다. 선인들의 말처럼 이 세상에 존재하는 그 무엇도 완전한 창작물은 없다.

더 많은 발상을 가져올 씨앗을 많이 가지고 있다는 것은 그만큼 무한대로 뻗어나갈 수 있는 가능성을 가지고 있다는 뜻이다.

초격차 독서법의 선물 ③ : 바른 판단력

인간의 직감은 축적된 방대한 지식에 그동안의 성공과 실패 경험이 더해져 길러진다. 만약 뇌에 축적된 정보량이 다른 사람보다 많다면 더 효율적으로, 그리고 빠르게 직감이 작용하는 것은 당연한 일이다. 원래 인간이 하는 행동의 99.9%는 깊은 사고의 결과물이 아닌 무의식에서 순간적으로 작동하는 직감으로 결정되기 마련이다.

체스 게임을 연구한 결과를 보면 5초 남짓 생각하고 직관적으로 놓은 수와 30여 분 동안 깊이 생각하고 놓은 수가 86% 정도 일치했다고 한다. 아무리 깊이 고민하고 또 고민한다 해도 대개는 직관적인 첫 판단이 옳을 때가 많다. 이러한 현상을 '퍼스트 체스 이론'이라고 부른다.

이처럼 올바른 판단을 하는 능력은 평소에 뇌의 데이터베이스를 얼마나 충실하게 구축했느냐로 정해진다.

따라서 많은 책을 읽고 책이 주는 지식을 뇌에 충실히 정착시키면 직감이 강화되고 영감을 얻을 수 있어 바른 판단을 할 수 있게 된다. 계속해서 책을 읽어 직감과 영감을 키우는 것이야말로 뇌의 데이터베이스를 충실하게 만드는 지름길이다.

오래 고민한다고 해결되지 않는다

생각하는 시간과 바른 판단력은 결코 비례하지 않는다. 단 10초만 생각해도 바르게 판단할 수 있다. 모두에게 주어진 시간은 유한하다. 최소한의 시간을 투자하면서도 어떻게 하면 최대의 능률을 거둘 수 있을지 더 의식해야 한다.

특히 여러분이 직장인이라면 더욱 그렇다. 힘겨운 출퇴근, 수많은 회의, 결제 대기 시간 등 어찌할 수 없는 시간이 많다. 그러기 위해서는 초격차 독서법으로 자신을 단련해 시간을 확실하게 확보하고 아웃풋 노트로 머릿속을 편집해 지식을 무기로 바꾸는 습관을 만들어야 한다.

초격차 독서법의 선물 ④ : 비인지 능력

독서를 하면 지식과 함께 사고력, 실행력, 창의력, 커뮤니케이션 능력을 습득할 수 있다. 그리고 또 한 가지 독서로 익힐 수 있는 중요한 것이 있으니 바로 비인지 능력이다. 비인지 능력이란, 타인의 마음과 생각을 알아차린다거나 현재 주어진 상황에 이어서 어떤 일이 벌어지게 될지 예측하는 등 비언어적 힘을 뜻한다. 쉽게 말해 공감하는 힘, 예측하는 힘 또는 느끼는 힘이라고도 표현할 수 있다. 비인지 능력이야말로 뇌 인지 과학을 활용한 교육 분야에서 가장 주목받고 있다.

탁월한 안목으로 투자에 성공한 사람, 비즈니스 영역에서 눈부신 성공을 거둔 사람, 뛰어난 커뮤니케이션 능력을 갖춘 사람들은 하나같이 비인지 능력의 수준이 높다는 것을 알 수 있다. 이 비인지 능력은 초격차 독서법으로 단련할 수 있다. 왜일까? 비인지 능력을 단련한다는 것은 뇌가 얼마만큼의 정보를 받아들이고 처리할 수 있느냐에 달린 문제이기 때문이다.

초격차 독서법의 선물 ⑤ : 가설 사고력

결론에서부터 시작하는 사고법인 가설 사고도 일부러 배울 필요 없이 초격차 독서법으로 자연스럽게 익힐 수 있다.

책을 읽을 때는 '나라면 이럴 때 어떻게 했을까?', '나라면 이 순간에 어떤 결정을 내렸을까?' 같은 질문을 항상 마음에 담아 두기 마련이다. 그러면 평소에 상황을 어떻게 파악하고 어떻게 과제를 생각하고 어떻게 답을 찾아낼지 생각하는 습관이 생긴다. 이런 것들이 종합적으로 당신 내면에서 단련된 것이 가설 사고력이다. 이런 훈련도 초격차 독서법이기에 가능하다.

스스로 답을 찾기 위해 직접 책을 고르고, 직접 찾아내고, 직접 실행한 것은 머리와 마음에 깊이 남는다. 기억과 경험, 양쪽에 새겨진다. 그렇게 축적된 지식이나 체험은 당신의 인생에서 오래도록 든든한 지원군이 된다.

초격차 독서법의 선물 ⑥ : 꺾이지 않는 마음

　연구에 따르면 완벽주의자일수록 실패에 대해 강한 공포심을 느껴 결단력과 행동력이 떨어지는 경향이 있다고 한다. 그로 그럴 것이 완벽주의자는 매사에 결함을 용납하지 않고 오로지 완전함을 추구하기 때문이다. 하지만 완벽을 추구할 뿐 인간인 이상 모든 상황에서 완벽할 수는 없는 노릇이다. 그렇다고 잘못될 것이 두려워 제자리에 머무를 수는 없지 않은가.

　알 수 없는 미래나 실패가 두렵다면 책을 읽을 때마다 아웃풋 노트를 작성해 행동으로 옮길 계획을 세우고 실행해보자.

조금이라도, 그야말로 단 한 걸음씩이라도 좋으니 앞으로 나아가는 것이다. 새로운 책을 읽을 때마다 아주 작은 변화라도 좋으니 행동으로 옮겨보는 것이다. 처음에는 고작 이 정도라는 생각을 할 수도 있겠지만, 점차 시간이 지나면 서서히 큰 행동으로 바뀌어 가는 것을 경험하게 될 것이다. 또한 앞서 소개한 연구 결과에서 말한 것 같은 실패에 대한 두려움도 점점 사라진다.

이 과정은 단순하게 보일 수 있지만 뇌 과학적으로 굉장히 중요하다. 펜실베이니아 대학교의 마틴 셀리그만 교수가 제창한 긍정심리학이 강조하는 레질리언스resilience와 관련이 깊다. 레질리언스는 직역하면 탄성, 회복력으로 옮길 수 있는데 구체적인 의미는 '꺾이지 않는 마음'을 의미한다. 사실 사람의 마음은 한 번 꺾이면 회복하기까지 시간이 걸리기 마련이다. 또한 한번 마음이 꺾이면 점점 자신감을 잃고 움츠러들게 된다. 마치 나의 20대 시절처럼 말이다.

매년 최고 실적을 자랑하며 잘나가는 영업 사원, 기울어 가던 회사를 살려낸 능력 있는 경영자, 원만한 인간관계를 유지하면서 모든 이들에게 사랑받는 사람, 어쩌면 당연하겠지만 남부러울 것 없이 많은 재산을 보유한 자산가를 보면 하나같이 자신감이 넘친다는 것을 알 수 있다. 어쩌면 모두가 바라는 이상적인 모습이다. 나 또한 그랬다. 이제는 부러워하지만 말고 우리 모두 그렇게 되어보는 것은 어떨까?

초격차 독서법으로 많은 책을 읽고 지식을 차곡차곡 쌓아 행동으로 옮기면 자신감은 절로 높아진다.

'이것쯤이야', '그런 질문은 식은 죽 먹기지', '저 사람도 내 편으로 만들겠어' 같은 생각을 하게 만드는 넘치는 자기 긍정감은 자신감을 높여 꺾이지 않는 마음, 앞서 언급한 레질리언스를 손에 넣을 수 있다.

Cheer Up!

일본의 청년층은 다른 나라의 청년층과 비교했을 때 자신감이 굉장히 낮은 편이다. 그렇기에 마음도 쉽게 꺾이고는 한다. 조사 결과를 봐도 대다수 일본인, 그러니까 열에 아홉은 자신감이 없다고 답했다고 한다. 반대로 미국의 경우 자신감이 있다고 답한 비율이 더 높았다. 응답자의 70%가 자신감이 있다고 답했다.

독서를 통해 얻게 된 지식을 어떻게 행동으로 연결할지 생각하며 심리적 탄성을 키우고 회복력과 적응력을 가지게 되기를 진심으로 응원한다.

나의 경쟁 상대는 바로 어제의 나

초격차 독서법의 아웃풋 노트를 돌아봄으로써 타인과 자신을 비교하는 수평 비교가 아닌, 어제의 자신과 한층 더 성장한 오늘의 자신을 비교하는 수직 비교가 가능해진다.

초격차 독서법이라면 10권, 100권 혹은 1,000권이라도 얼마든지 읽어나갈 수 있다. 그렇게 정성스럽게 쌓여간 아웃풋 노트를 돌아보면 '이만큼 지식을 쌓고 삶에서 행동으로 실천해왔다'는 자부심을 느낄 수 있다.

사회적 동물인 인간은 아무래도 가족, 친구, 동료처럼 눈앞에 보이는 타인과 자신을 비교하는 수평적 인식을 하기 쉽다. 그렇지만 이 책을 읽고 있는 여러분도 나의 가장 강력한 경쟁자는 다름 아닌 나 자신이라는 말에 반대하지 못할 것이다. 계획한 만큼 이루었는가, 과연 최선을 다해 노력했는가, 정말 즐기고 있는가. 이러한 것들을 알기 위해 그리고 나의 성장에 도움이 되지 않는 수평적 비교가 아닌 수직적 비교를 하기 위해서도 아웃풋 노트를 돌아보는 것이 중요하다.

성공과 실패로 완성한 삶의 지침서

독서를 통해 쌓은 지식으로 변화를 가져오려면 행동이 뒤따라야 한다고 반복해서 이야기했다. 이 과정에서는 분명 어느 순간 벽에 부딪히게 된다. 그럴 때 벽을 넘기 위한 열쇠가 되는 것이 아웃풋 노트다.

만약 아웃풋 노트의 내용을 행동으로 옮겼는데도 불구하고 실패를 경험했다면 다른 색 펜으로 실패와 새로운 경험과 관련한 내용을 덧붙인다.

실패든 성공이든 새롭게 경험한 모든 일들을 아웃풋 노트 한 권에 정리해보자. 책에서 얻은 지식뿐만 아니라 뼈아픈 실패를 통해 경험한 깨달음까지 더해져 아웃풋 노트는 더없이 훌륭한 삶의 바이블이 된다. 이렇게 깊이를 더해가는 아웃풋 노트는 읽을 때마다 새로운 경험과 가치를 선물할 것이다.

나는 실패를 경험하더라도 '아… 왜 그랬을까', '그때 다른 선택을 했더라면', '내가 그렇지 뭐…' 같은 자조가 아닌, '아웃풋 노트에 또 한 줄이 더해지겠군'이라고 생각한다. 이러한 것이 반복되면 억지로 긍정적인 생각을 하려고 애쓰지 않게 될 것이다. 그때가 되면 머릿속에는 긍정적인 사고만 가득할 테니 말이다.

▲
▲

자녀교육도
초격차 독서법이
답이다

▲
▲

성장에 반드시 필요한 독서

2017년, 일본 문부과학성은 어린이, 청소년의 독서 활동에 관해 조사한 결과를 발표했다. 분석 내용 중 중요한 일부를 살펴보자.

- 독서 활동이 활발할수록 의식, 행동 등의 수준이 높아지는 연관성을 보인다.
- 특히 중학생과 고등학생의 경우 독서를 하는 학생의 논리적 사고 수준이 높았다.
- 초등학생 때 책을 많이 읽었던 중학생, 중학생 때 책을

많이 읽었던 고등학생은 논리적 사고, 의욕, 관심, 인간관계 등의 측면에서 높은 수준을 보였다.

· 초등학생과 중학생의 경우 개인별 차이뿐 아니라 학교 차원에서 독서 활동이 얼마나 활발하게 진행되었는지에 따라서도 차이를 보였다.

이 조사 결과에서 언급한 내용을 보면 알 수 있듯 독서를 하는 초등학생일수록 그렇지 않은 초등학생보다 논리적 사고력, 주어진 과제에 대한 의욕, 새로운 것에 대한 호기심, 타인에 대한 이해 등 다방면에서 높은 수준을 보이고 있다.

아이의 성장에는 책이 꼭 필요하다. 더구나 책을 많이 읽으면 읽을수록 더 반듯하게 성장한다.

아이는 성장하면서 말을 할 수 있게 되면 머릿속에서 생각나는 대로 말하려는 경향을 보인다. 아이들이 등장하는 관찰 예능 프로그램을 보면 아이들은 위기에 처했을 경우 혼잣말하는 모습을 쉽게 볼 수 있다. 이것은 머릿속에서 언어로 정리해 떠올리면 뇌가 행동을 재촉하기 때문이다. 말을 한다는 것은 아웃풋의 일종이다. 이처럼 초격차 독서법에서 중요하게 다루는 독서를 통한 아웃풋이 뇌 발달에 매우 유익한 작용을 하고 있음을 알 수 있다. 만약 여러분 중에 부모가 있다면 자신의 아이에게 초격차 독서법을 활용한 독서의 즐거움을 꼭 가르쳐주기 바란다.

초격차 독서법의 선물 ① : 뇌 발달

초격차 독서법은 자녀 교육에도 큰 도움이 된다. 인간의 뇌가 가장 활발하게 발달하는 시기는 대략 2세부터 8세까지의 시기다. 이 시기는 왕성한 호기심 때문에 모든 것이 신기하고 알고 싶은 것 투성이라고 느끼게 된다. 이 나이대의 아이를 보면 하나같이 "왜요?"라는 말을 달고 다니는 것을 볼 수 있다. 한창 스스로 생각하고 자신만의 답을 찾아가는 과정을 지나면서 끊임없이 생각하고 있다는 증거다. 이것이야말로 뇌가 성장할 수 있는 최고의 비결이다.

스스로 계획을 세우고, 스스로 방법을 찾고, 스스로 행동하게 하는 것을 반복하도록 유도하면 뇌는 엄청난 성장을 한다. 계획을 세워 방법을 찾고 행동하는 것이야말로 초격차 독서법의 핵심이다. 단언컨대, 초격차 독서법이 우리 아이의 미래를 바꿀 수 있다.

수차례 말했듯이 초격차 독서법은 단순히 빠르게 읽기만 하는 속독이 아니다. 자칫 성장기 아이에게 무리가 될 수 있는 훈련을 반드시 해야 하는 속독은 신체 발달에도 좋지 않다. 그러나 초격차 독서법은 뇌의 역량을 최대로 끌어올려 활성화하는 독서법이다.

초격차 독서법을 습관으로 익히면 목표를 정해 이를 달성할 계획을 수립하고 스스로 행동해 성과를 내는 일련의 흐름이 자리를 잡게 된다.

초격차 독서법의 선물 ② : 자제력

초격차 독서법이 특히 자녀 교육에 좋은 또 다른 이유는 이를 통해 길러지는 자제력이 가져다 주는 이점 때문이다.

'마시멜로 실험'이라는 것이 있다. 아마 여러분도 익히 들어 잘 알고 있을 것이다. 1972년, 스탠퍼드 대학교 심리학과의 월터 미셸 교수가 약 600명의 아이를 대상으로 시행한 실험이다. 이 실험에서 아이들의 참을성을 측정하려는 목적으로 사용했던 간식의 이름을 따 마시멜로 실험이라고 불린다.

미셸 교수는 스탠퍼드 대학교 교직원의 자녀가 다니는 유치원에서 이 실험을 실시했다. 4세 아이들에게 마시멜로를 주면서 지금 먹는다면 1개를 먹을 수 있고 20분을 참았다가 먹는다면 2개를 먹을 수 있다고 하며 선택하게 했다. 이 실험의 흥미로운 점은 이후 50년에 걸쳐 시행한 추적 조사 결과에 있다. 추적 조사 결과 자신의 욕구를 잘 참았던 아이들은 그렇지 못했던 아이들에 비해 학업 성취도와 자존감이 높았고 스트레스에도 잘 대처하고 있음을 알 수 있었다.

이 실험을 통해 다음과 같은 사실을 알 수 있다. 장래의 더 큰 성과를 위해 감정을 효과적으로 제어하는 능력을 어릴 때부터 갖춘다면 이후 발달 과정에도 긍정적인 영향을 줄 수 있다는 점이다. 어떤 일을 다양한 시각으로 보고 자신을 제어하는 힘은 어른이 되어서도 성장이나 성공에 지대한 영향을 끼치게 된다.

초격차 독서법은 다른 여러 즐거움 대신 책을 선택해 어딘가에 앉는 것에서 시작된다. 그리고 눈앞의 책에 온 정신을 집중해 높은 집중력을 발휘하게 된다. 이것이 바로 마시멜로 실험이 말하는 자제력을 키울 수 있는 살아 있는 교육이다. 결과적으로 초격차 독서법을 경험한 아이들은 독서의 즐거움과 지식, 발상력을 얻는 것 외에도 자신을 제어하는 힘 또한 키우게 된다. 이뿐만 아니라 스스로 답을 찾아가게 되므로 주체성도 키울 수 있다.

여러분의 자녀들과 함께 초격차 독서법을 활용해 책을 읽고 깨달은 점을 아웃풋 노트에 쓸 때는 "이제 어떻게 적용해볼 생각이니?", "그렇게 적용해본 후에 어떤 점이 좋았는지 알려주겠니?"라고 이야기해주자. 이처럼 정기적으로 부모와 함께 아웃풋 노트를 돌아보는 것은 아이들의 뇌 발달에 매우 의미 있는 일이다.

초격차 독서법의 선물 ③ : 커뮤니케이션 능력

예전에 비해 한 자녀만 둔 가구가 많아지고 아이들이 친구들과 밖에서 노는 일도 적어지다 보니 대인관계에서 어려움을 겪는 아이가 늘어났다. 이는 어른도 마찬가지다. 타인과 대화를 할 때 과도하게 긴장해 얼굴이 붉어지는 등의 반응을 보여 심각하게 고민하는 사람도 제법 볼 수 있다.

타인과의 대화, 프레젠테이션, 코칭 등은 물론 기술도 필요하지만, 경험이야말로 중요한 기반이 된다. 하지만 그것보다 더 중요한 것은 경험을 통해 얻은 지식의 아웃풋이다.

상대방의 말에 잘 호응하는 것, 상대방의 성장에 공헌하고 조언을 아끼지 않는 것. 이런 능력은 초격차 독서법과 아웃풋 노트로 기를 수 있다.

예를 들면, 어떤 책의 핵심 지식을 일목요연하게 정리해두면 대화 주제를 더욱 풍성하게 하는 것은 물론이고 주도권도 쥘 수 있다. 이것을 계속 연습하면 종합적인 커뮤니케이션 능력도 당연히 좋아진다.

# 독서 습관을 만들려면

책 읽는 습관을 들이지 못했다며 후회하는 사람을 많이 만나보았다. "어떻게 하면 독서를 꾸준히 할 수 있을까요?"라는 질문도 자주 받곤 했다. 이런 질문을 받게 될 때면 "초조하게 책을 붙들고 있는다고 달라지지는 않아요. 우선 책을 읽어 이루려는 목표를 먼저 명확하게 해보세요"라고 조언했다.

좀처럼 동기 부여가 되지 않는 사람에게 초격차 독서법의 장점과 이득을 설득하고 책에서 얻게 될 지식을 무기로 삼으라고 말해봤자 들을 리 만무하다. 굳이 책을 선택하지 않고 익숙한 인터넷에서 얻은 정보로 만족할 수도 있다.

부모부터 목표를 이루기 위해 독서하는 모습을 보여주자. 그리고 아이들과 '왜 책이어야 하는지'를 함께 고민하고 이야기를 나누기를 바란다.

▲
▲

꿈과 열정이
현실로 바뀌는 순간을
경험하라

▲
▲

책 읽을 시간이 없다면

만약 책 읽을 시간은 부족하지만, 책 읽는 습관은 꼭 만들고 싶다면 한 가지 조언할 것이 있다. 이때도 가장 먼저 생각할 것은 '목표'다.

인생에서 얻고 싶은 것은 무엇인가? 자신을 향한 평가를 바꿀 필요도, 누구보다 많은 돈을 벌어들이는 것도, 더 넓은 세상을 보여줄 새로운 친구도, 놀랍고 신비로운 지식도 원치 않는 사람이라면 책을 읽지 않을 것이다. 누구나 고개를 끄덕이게 만드는 영향력을 가진 사람이 "이 책을 읽으면 당신의 인생이 바뀔 겁니다"라고 열변을 토해도 외딴섬에서 유유자적 살아가는 사람은 그저 웃어넘길 것이다.

삶의 목표, 소망, 바꾸고 싶은 무언가가 있을 때 독서 습관을 만들 수 있다.

그렇다면 독서 습관을 만들 수 있는 가장 빠르고 간단하면서도 돈이 들지 않는 방법이 있을까? 그 시작은 어떤 문제에 당면했을 때 '아, 책이 있었지!'라고 생각하는 것이다.

사람이 성장하는 과정을 가만히 살펴보면 등산하는 과정과 비슷하다. 산을 처음 오를 때는 상당히 힘이 든다. 하지만 첫 도전에 성공하면 그다음부터는 등산하는 것을 즐길 수 있게 된다. 이처럼 한층 성장했던 경험이나 고생 끝에 성공을 거뒀던 경험이 있다면 그때부터는 뇌에서 상당히 빠르게 아드레날린이 분비되어 긍정적인 생각이 확신으로 바뀌게 된다.

나는 종종 카페에 앉아 초격차 독서법으로 얻은 지식을 아웃풋 노트에 정리한 뒤 팔짱을 끼고 그 내용을 바라보면서 혼자 웃곤 한다. '이걸 실행에 옮기면 분명 성장할 수 있겠어', '이 내용을 사내 교육 과정에 활용하면 그 직원의 성과가 엄청나게 달라지겠는걸' 하는 생각이 들면서 설레이기 때문이다. 내가 무엇을 하고 있던 중인지 모르는 사람이 보았다면 나사 빠진 사람처럼 보았을 것이다. 하지만 뇌 과학에서 어포메이션afformation이라고 말하는 이 암시는 지속력이나 학습 의욕 향상에 상당한 효과가 있다.

책 읽는 습관을 갖지 못한 사람은 책을 아무리 열심히 그리고 많이 읽어도 늘 제자리걸음일 뿐이고 자신을 향한 평가도 바꿀 수 없다. 또한 새로운 기회는 물론이고 그토록 바라는 연봉 상승도 이룰 수 없게 된다. 이런 빈 껍데기뿐인 악순환에 빠져든다. 계속할 의미도 없는 데다 애초에 계속할 가치조차 찾을 수 없으니 상황은 더 나빠질 뿐이다. 그래서 행동이 중요한 것이다.

설령 행동이 실패로 끝나게 되더라도 실패를 통해 배울 수 있는 것은 많다. 실패를 극복하고 또 다시 도전하면서 성장을 실감할 때 이미 초격차 독서법은 당신의 습관이 되어 있을 것이다.

자신감을 끌어올리는 방법

　사람은 언제 자신감이 생길까? 운동 경기에서 자신보다 훨씬 강한 상대에게서 승리를 거두었을 때, 자신 있게 추진한 일을 인정받았을 때, 건강검진에서 '이상 없음' 판정을 받았을 때 등 연령대에 따라 다를 것이다. 나는 좋은 습관을 갖고 있으면서 그 습관을 스스로 제어할 수 있다면 항상 자신감으로 넘치지 않을까 생각한다.

　평소 규칙적으로 운동을 하는 사람, 외국어로 쓰인 원서를 편안하게 읽는 사람을 보면 지위나 연봉이 높은 사람 이상으로 자신감이 넘쳐 보인다. 이런 사람들이라면 "저는 좋은 습관을 가지고 있어요"라고 당당하게 말할 수 있을 것이다. 물론 독서 습관도 그중 하나다.

초격차 독서법으로 많은 책을 읽으면 굳이 고생할 필요 없이 현명하고 신속하게 내면부터 자신감을 다질 수 있다.

구체적인 팁으로 한 가지 덧붙이자면, 내가 대표로 있는 컨설팅사 사무실의 내 방 벽면은 모두 책장을 설치해 책으로 가득 채워놓았다. 책으로 둘러싸여 있으면 자신감이 채워지기 때문이다.

자신의 가치를 높이는 방법

지금은 100세 시대라고 한다. 이런 시대에는 어떻게 하면 자신의 가치를 높일 수 있을지 진지하게 고민해야 한다. 자신의 가치를 높이는 것은 미래를 여는 힘이 된다.

가치를 높이기 위해서는 먼저 강력한 무기를 손에 넣어야 한다. 그중 하나가 독서다. 초격차 독서법을 활용해 책을 읽고 그렇게 얻은 지식을 행동하는 힘으로 바꾸는 방법을 자신의 것으로 익히면 된다.

나는 회사에서 직원들을 만나면 "그 누구도 빼앗지 못할 자산을 쌓도록 하세요"라는 말을 자주 한다. 내가 말하는 자산이란 무엇을 뜻한다고 생각하는가?

누구도 빼앗지 못할 자산은 바로 여러분 자신이다. 여러분이 성실하게 쌓아 올린 능력은 그 누구에게도 도둑맞을 일이 없는, 그 무엇보다 귀한 자산이다.

 ## 지금 이 순간

초격차 독서법과 함께 항상 배우려 하고 삶에서 적용하려는 것을 게을리하지 않는다면 서서히 지금 이 순간에 초점이 맞춰지게 된다.

현재에 초점을 맞춰 눈앞의 목표에 집중하고 열과 성을 다해 몰두하라. 그런 자신을 지키고 제어하는 방법이 몸에 익을 것이다. 자신을 완전하게 제어한 상태는 자신감으로 이어진다.

과거에 지나치게 사로잡혀 미래를 필요 이상으로 걱정하는 사람은 정신적으로 불안해지기 마련이다. 그럴수록 현재에 초점을 맞추는 힘을 발휘해야 한다. 그것이 여러분의 정신을 건강하게 한다.

나의 성공 파트너

나에게 있어 책이란 최적의 비즈니스 파트너다. 멋있게 보이려고 그냥 하는 말이 아니다. 나는 늘 진심으로 그렇게 생각한다.

내가 운영하는 회사의 직원들이나 자주 교류하는 지인들은 잘 알겠지만, 나는 책을 다른 사람에게 잘 빌려주지 않는다. 한번 생각해보자. 나와 수많은 생각을 공유하고 있는 소중한 비즈니스 파트너를 그리 간단하게 다른 사람에게 공개할 수 있겠는가? 그래서 좋은 책을 소개해달라는 말을 들으면 "빌리지 말고 그 책을 꼭 구입해서 보세요"라고 한다. 그렇다고 책을 신줏단지처럼 애지중지하면서 특별하게 모신다거나 하지는 않는다. 책장마다 줄도 긋고 나중에 다시 찾아봐야 할 중요한 부분은 접어두기도 하면서 어쩌면 다소 과격하게 독서를 하곤 한다. 그렇지만 항상 책을 나와 대등한 파트너라고 생각하고 대하기에 책에서 얻는 것이 많은 것일지도 모르겠다.

평소 이런 생각을 하고 있다 보니 나는 절대 책을 무시하거나 얕보지 않는다. 어떤 책이든 단 한 줄이라도 얻을 수만 있다면 성공이라는 생각으로 읽는다. 이와 반대로 책을 평가하고 쉽게 무시하는 사람은 당연히 책에서 얻는 것이 적을 것이다. 그렇다고 책을 너무 특별한 존재로 대하는 것 또한 마찬가지로 얻을 수 있는 것이 적어질 뿐이다.

하나의 책에서 인생의 지혜 전부를 손에 넣으려는 듯이 지나치게 열심히 읽으면 좀처럼 진도가 나가지 않는다. 책을 여러분과 함께 시간을 공유하는 파트너라고 생각하자.

나를 위해 도움을 주는 책에 고마운 마음을 갖자. 그리고 나 또한 주변 사람들의 성장을 위해 도움을 주자. 나는 늘 그렇게 보답하려는 마음으로 책을 읽어 간다. 단순히 머릿속에 지식을 욱여넣기 위해, 생활에서 적용하는 아웃풋이 중요하니까 자신의 성장만을 생각하며 독서를 한다면 절대 지속할 수 없다. 그럴 바에는 차라리 독서를 그만두는 편이 낫다.

# 초격차 독서법 활용 사례

시간을 알차게 보내고 싶은 70세 남성 C씨

예전 같았으면 지인과 약속이라도 잡았겠지만, 팬데믹 이후로는 TV만 보게 되어 무료하기만 했다. 일밖에 모르고 살아온 터라 아내를 먼저 떠나보내고 더없이 고독한 일상이 이어질 뿐이었다. 평소 역사 소설을 좋아해서 가끔 읽기는 했지만, 지금껏 읽어본 적 없는 새로운 분야에도 도전해보고 싶었다.

나 같은 시니어에게도 초격차 독서법은 꽤 유용했다. 보통은 나이가 들어가면서 새로운 것을 경원시하기 마련이다. 새로운 것을 받아들이려면 시간과 노력이 필요하기 때문이다. 하지만 초격차 독서법은 차례차례 새로운 분야의 책을 독파하도록 도와주었다.

예전에는 1년에 책 1권 읽는 것도 버거웠지만 이제는 100권도 거뜬히 읽을 수 있다. 70세인 내가 100세까지 살 수 있다면 3,000권이나 더 읽을 수 있다는 말이다. 노후를 풍요롭게 하는 초격차 독서법, 좋지 않은가?

실전!
초격차 독서법

독서의 주인공은
책이 아니다,
바로 나 자신이다

독서의 목표

초격차 독서법의 가장 큰 특징은 빨리 읽고 머릿속 데이터베이스에 저장하는 것이다. 초격차 독서법을 확실히 습득하려면 어떤 준비를 해야 하고, 어떻게 읽고, 그리고 뇌를 어떻게 활용해야 할까?

먼저 준비 단계부터 알아보자.

뇌를 활용한 기억법에는 책의 내용을 잊지 않기 위한 몇 단계의 준비 과정이 있는데, 그중 가장 중요하고 맨 먼저 해야 할 일은 구체적인 목표를 세우는 것이다.

가만 보면 책을 빨리 읽으려고만 하지 왜 빨리 읽으려고 하는지 별로 생각하지 않는 것 같다. 그래서는 책이 당신을 돕는 파트너가 될 수 없다. 여러 회사를 경영하는 경영자, 미래 가치를 위해 씨앗을 심는 투자가, 인간을 연구하는 뇌과학 연구자, 이 외에도 여러 책을 펴낸 작가, 대학의 객원교수 등 여러 역할을 동시에 수행하는 나에게 책은 가장 좋은 파트너이면서 인생의 목적을 이루기 위한 용기와 방법 그리고 기회를 가져다주는 도구이자 최강의 무기다.

최근 들어 주식이나 부동산 등에 투자하는 사람들이 크게 늘어난 것 같다. 이렇게 투자로 큰 성과를 내려는 사람이라면 성공 사례나 구체적인 노하우를 얻기 위해 책을 읽곤 한다. 하지만 대부분 구체적인 목표를 명확하게 하지 않은 채 무턱대고 빨리 읽는 데 집중해 "듣던 대로 좋았다" 혹은 "기대한 것보다는 별로였다" 같은 맥 빠진 서평만 남기곤 한다. 그렇다 보니 중요한 지식이 남지 않고 인생의 성과로도 이어질 리 없다.

뇌를 내 편으로 만드는 방법

이제 핵심으로 들어가 보자. 독서를 인생의 변화를 이끌 도구가 되게 하거나 큰 성과를 가져오게 할 수 있는 최대의 비결은 가장 먼저 목표와 과제를 명확히 하는 것이다. 이것은 뇌를 나의 편으로 만드는 데 대단히 중요한 과정이다. 이 절차를 무시하고 다음 단계로 갈 수도 있겠지만, 효과도 반감할뿐더러 무엇보다 인생에 변화가 찾아오지 않는다.

목표와 과제를 명확히 한다는 것은 실제로 해보면 그리 어렵지 않다. 내가 이 책에서 소개하는 방법을 따라하기만 하면 된다. 읽을 책을 미리 정할 필요도 없다. 오히려 미리

정하지 않는 편이 더 객관적인 상태에서 자신의 목표를 재점검할 수 있다.

이제 빈 노트나 평소 사용하던 수첩이 있다면 아웃풋 노트로 삼아보자. 지금 여러분이 이루고자 하는 목표나 소망, 해결해야 할 과제, 현재 여러분에게 필요한 기술, 갖춰야 할 포지션 등을 자유롭게 적어보자. 그 수는 5~6개든, 아니면 20개가 넘든 상관없다. 후에 초격차 독서법을 본격적으로 실시하면 책의 분야가 경제경영이나 인문이든, 역사나 문학이든, 혹은 종교일지라도 여러분의 목표를 이루는 데 도움이 될 부분을 뇌가 알아서 찾아내 머릿속에 저장하면서 도움이 되는 독서를 하도록 유도할 것이다.

스스로 일하는 뇌

독서를 통해 이루려는 목표를 정한 다음 어떤 책을 골라야 할까? 여러 곳에서 초격차 독서법을 소개할 때마다 "어떤 책을 읽어야 할지 잘 모르겠어요. 추천 좀 부탁드려도 될까요?" 같은 질문을 많이 받았다. 여러분의 마음속에 목표와 과제가 명확하게 설정되면 뇌는 알아서 일하기 시작한다. 마치 표적을 향해 날아가는 미사일처럼 앞만 보고 내달리는 것이다. 그래서 그저 눈에 띄는 책을 마구잡이로 읽었던 사람일수록 이런 질문을 하게 된다.

'컬러 배스 효과color bath effect'라는 용어가 있다. 어느 한 가지 색에 집중하면 유독 해당 색을 가진 것만 보이는 현상을 말한다. 어느 분주한 아침, 출근을 준비하면서 틀어놓은 TV에서 빨간색이 행운의 색이라며 이야기하는 것을 우연히 보았다고 하자. 평소에는 그다지 좋아하지 않던 색이었어도 이후부터는 갑자기 거리를 내달리는 자동차는 물론이고 거리의 간판, 행인들의 옷, 가로수의 잎 등 수많은 빨간색이 눈에 들어올 것이다. 심지어 그날은 평소라면 잘 쓰지 않았을 빨간색 펜을 즐겨 쓰게 될지도 모를 일이다.

"지금 내가 해결해야 할 과제는 ○○○○○이다." 이처럼 과제를 아웃풋 노트에 적어두면 그때부터는 뇌가 알아서 그 과제에 맞는 책을 찾아낸다.

만일 여러분이 주식이나 부동산 등 투자에 관심을 갖게 되었다면 투자로 달성하려는 수익률 등 구체적인 목표과 이를 위해 해결해야 할 과제를 적으면 된다.

# 길 위에 답이 있다

나는 회사 경영에 있어서도 목표와 과제를 명확히 하는 것을 강조한다. 가능성을 보이는 젊은 직원을 파트장이나 프로젝트 리더로 발탁하고자 결정하면 가장 먼저 하는 일이 있다. 그것은 바로 당사자와의 면담을 통해 그 직원이 이상적으로 생각하는 리더의 모습을 들어보고 현재 그 직원이 가진 역량 사이의 격차를 객관적으로 직면하도록 돕는다.

물론 누구에게나 각기 다른 장단점이 있다. 그렇기에 강점은 격려해 더욱 강화하도록 하고 약점은 분명하게 지적해 구체적으로 보완해야 할 기술이 무엇인지 공유한다. 그렇게 도출된 문제점마다 목표를 명확히 하고 해결할 과제를 부여한다. 그러면 굳이 의식하지 않아도 신문이나 잡지에서 관련 기사를 찾아낸다거나 선배의 코칭 중에 새겨야 할 중요한 말을 메모하는 식으로 뇌가 저절로 목표 달성과 과제 해결을 수행하기 시작한다.

초격차 독서법의 기본 전제

이처럼 뇌는 설정한 목표나 과제를 알아서 해결하려는 힘을 가지고 있다. 초격차 독서법은 바로 이 힘을 이용하는 것이다.

예를 들어 여러분이 자그마한 카페를 운영하고 있다고 하자. 인스타그램이나 블로그처럼 타깃 고객이 많이 이용하는 채널을 대상으로 홍보를 진행하려 하는데 구체적인 방법을 몰라 전전긍긍하는 상황이다. 어떻게든 효과적으로 홍보해 손님이 북적이게 해야 하는 것이 당면 과제가 될 것이다. 그 상태에서 서점으로 간다. 서점을 가만히 돌아다니다 보면 컬러 배스 효과로 인해 여러분의 과제를 해결할 최적의 책을 만날 수 있다. 어떤 책을 선택해 본격적으로 읽기 시작하면 '내 카페에 손님이 북적이게 하고 싶다'라는 목적과 부합하지 않는 내용은 과감하게 건너뛰게 된다. 뇌가 과제를 해결할 방법만을 고속으로 찾으면서 독서 속도가 점점 빨라지는 것이다. 이것이 초격차 독서법의 기본 전제다. 목표를 구체화된 언어로 표현하지 않으면 아무리 초격차 독서법이라도 성과를 얻기 어렵다. 반드시 기억하라. 구체화된 언어화, 사소해 보일 수도 있지만 중요한 포인트다.

초격차 독서법이라면 어떤 책을 통해서라도 여러분의 목표와 과제를 해결하는 데 필요한 지식을 얻을 수 있다.

절대 책 내용 전부를 머릿속에 입력하려 하지 마라.

우리가 하는 모든 활동의 주인공은 책이 아닌 우리 자신이다. 이 전제를 잊지 않도록 하자.

▲
▲

초격차 독서법 1회차

: 어떻게 하면 15분 만에

1권을 읽을 수 있을까?

▲
▲

자, 준비되었는가?

초격차 독서법은 책 1권을 30분 만에 3회 읽는 방법이라고 설명했다. 구체적으로 1회차를 15분 동안 읽고, 2회차 때는 10분 동안, 마지막 3회차가 되면 단 5분이면 충분하다. 1페이지를 기준으로 하면 대략 5초 내외의 속도로 읽는 것이다. 이것이 초격차 독서법 패턴 ①이다.

그렇다면 왜 3회로 분산해 읽어야 할까? 책을 단번에 모두 흡수하겠다는 마음으로 읽는 것보다는 2회 이상 읽으면 머릿속에 더욱 잘 입력된다는 사실이 뇌 과학 연구 결과 입증되었기 때문이다. 또한 1회부터 3회까지 각 회차를 서로 다른 장소에서 읽으면 효과는 배가된다. 이것이 바로 분산 효과다.

1회차 독서 시간을 15분으로 설정한 이유는 인간이 최상의 조건에서 높은 집중력을 유지할 수 있는 시간이 15분 정도이기 때문이다.

앞에서 1페이지당 5초 내외라고 했으니 300페이지 분량의 책이라면 25분 정도, 500페이지 분량의 책이라면 40~45분 정도 걸리게 된다. 이 책이 기준으로 설정한 200페이지 이상 분량의 책을 읽을 때는 온전히 독서에 투입하는 시간을 감안해 집중력 지속 상태를 살피며 적절히 휴식을 취하도록 한다.

이제부터는 성공적인 초격차 독서법을 위한 구체적인 스킬을 설명하겠다.

로켓 스타트 리딩

　인간은 시작과 끝을 설정해두면 그 사이의 시간 동안 집중력이 비약적으로 상승한다. 이를테면 정해진 시간 동안 승부를 겨루는 스포츠 경기나 제한 시간 동안 주어진 문제를 풀어야 하는 시험 등이 그렇다. 이것과 똑같은 상황을 만들어내는 것이 바로 타이머를 활용한 로켓 스타트 리딩이다.

　먼저 스톱워치 등의 타이머를 준비한다. 내 경우 무료로 내려받을 수 있는 스마트폰용 시간 관리 앱이나 스마트폰의 기본 앱을 활용한다. 기능이 많을 필요는 없다. 내가 사용하는 앱은 버튼만 누르면 작동하는 단순한 앱이다. 타이머를 활용하는 이유는 집중력과 성취감 그리고 독서 기록 관리가 쉽기 때문이다.

책을 빠른 속도로 읽으려면 무엇보다 집중력이 필요하다. 집중해서 책을 읽을 때는 뇌가 활성화되어 능률을 최대치로 끌어올릴 수 있다.

책을 읽기로 했다면 타이머를 설정한 스마트폰을 눈앞에 놓아두자. 왠지 재촉당하는 듯한 기분이 들 것이다. 좀 더 명확하게 집중력을 발휘하려면 타이머를 15분으로 맞춘다. 시작 버튼을 누름과 동시에 주변을 살피지 말고 단번에 책을 읽어나간다. 단 15분 만에 1권을 다 읽어야 하므로 읽는 내내 집중력이 유지된다.

물론 처음에는 쉽지 않을 수 있다. 하지만 이런 과정을 반복하다 보면 집중력이 급격히 향상되는 것을 경험할 수 있을 것이다.

매번 독서 시간을 기록해 관리하면 자신과의 싸움을 극

복했다는 성취감도 느낄 수 있어 다음 독서를 기다리고 있는 자신을 발견하게 된다.

책을 읽을 때 실제로 걱정하면서 책을 읽으면 눈이 문자를 따라 왔다 갔다만 할 뿐 거의 기억에 남지 않는다. 그렇다고 여러 속독법 세미나에서 언급하는 복식 호흡이나 단전 호흡, 또는 명상 같은 집중력 향상을 목적으로 하는 별도의 훈련을 하지 않아도 된다. 누구나 간단하게 집중력을 높일 수 있는 방법을 소개한다.

곳곳에 숨은 장애물들

내가 책을 읽을 때 늘 의식하는 것이 하나 있다. 그것은 바로 어떤 책을 읽기 시작하려 할 때 방해하는 장애물을 피하는 것이다.

여러분도 자신이 평소에 책을 읽기까지 어떤 과정을 거치게 되는지 돌아보자. 보통의 경우 책을 읽겠다고 조용한 카페를 찾아도 의자에 앉으면 제일 먼저 스마트폰 화면을 켜 새로운 뉴스는 없는지, 자신의 SNS에 누가 좋아요를 눌러주었는지부터 확인하지 않았는가? 때로는 평소에 잘 확인하지도 않았던 업무 관련 메일이나 개인적인 메시지를 확인하고 굳이 그러지 않아도 될 텐데 답장까지 친절하게 하지는 않았는가? 그러다 보면 메시지의 내용에 따라 감정이 고조되기도 하고 가라앉기도 한다. 결국 자신의 감정을 제어하지 못해 책은 끝내 펼쳐보지도 못한 채 카페를 나선 적도 있을 것이다.

나는 이런 일을 방지하기 위해 루틴을 정해두었다.

그것은 바로 눈앞에 책을 두는 것이다. 의자에 앉음과 동시에 제일 먼저 가방에서 책을 꺼내 테이블에 둔다. 그러고 나서 곧바로 타이머를 작동해 시작 버튼을 누른다.

이렇게 하면 불필요한 유혹에 빠지지 않고 즉시 초격차 독서법에 돌입할 수 있다.

여러분도 수없이 경험했듯이 인간의 의지는 예상보다 훨씬 약하다. 목표한 행위를 방해하는 장애물을 만날 때마다 그렇잖아도 약한 의지를 소모해야만 한다. 이를 방지하기 위해 목표한 행동을 시작하기까지의 과정에 뇌가 장애물이 라고 느낄 만한 것을 애초에 제거하는 것이다.

이보다 더 게으를 수 없다

일리노이 주립 대학교 연구팀에서는 의지와 관련해 한 가지 흥미로운 실험을 실시했다. 연구진은 실험에 참가할 사람들을 모아 한 명씩 불러 두 종류의 과자를 내놓고 선택하게 했다. 한 과자는 포장이 되어 있어 먹으려면 포장을 뜯어야 했고, 다른 과자는 포장이 되어 있지 않아 곧바로 입에 넣어 맛을 볼 수 있었다. 과연 실험에 참가한 사람들은 어느 쪽을 더 많이 선택했을까? 여러분도 짐작했겠지만, 포장을 제거하는 데 필요한 그 짧은 시간도 귀찮아 포장되지 않은 과자를 더 많이 선택했다. 인간은 그만큼 작은 유혹에도 쉽게 무릎을 꿇을 만큼 약하고 게으른 존재다.

스킬 ① : 표지와 띠지가 핵심이다

차례를 읽지 않으면 책의 전체 내용을 제대로 파악하지 못하거나 자신에게 꼭 필요한 부분을 놓칠까 걱정하는 사람도 있을 것이다. 하지만 그런 걱정은 접어둬도 좋다. 초격차 독서법에는 책의 전체 내용을 제대로 파악하기 위한 과정이 준비되어 있다.

누구나 그렇겠지만, 책을 읽기 전에는 우선 제목을 보게 된다. 그다음으로 (띠지가 있다면) 띠지 앞면 그리고 띠지 뒷면을 확인한다. 책의 핵심적인 내용을 담아 독자들을 끌어

모으려는 목적으로 사용하는 띠지를 잘 살펴보면 책의 내용을 쉽게 파악할 수 있다. 이것만 활용해도 차례를 읽은 것과 비슷한 정도로 정보를 얻을 수 있다. 어떤 책이든 읽기 전에 그 이상의 정보가 필요할까?

그리고 한 가지 더. 내가 책을 읽기 전에 반드시 확인하는 부분이 있다. 바로 책날개다. 책날개는 표지의 일부를 안쪽으로 접은 부분이다. 띠지도 그렇지만 책날개에는 출판사가 이 책을 통해 독자에게 전하고자 하는 핵심을 간결하게 서술한 경우가 많다. 게다가 보통은 몇 줄 정도밖에 되지 않아 간단히 읽을 수도 있다.

띠지와 표지는 출판사의 전문 편집자가 편집장의 세세한 조언과 날카로운 지적을 받아가며 몇 날 며칠에 걸쳐 고민한 끝에 책의 핵심을 뽑아 정리했을 것이다. 그 무엇보다 책의 내용을 가장 객관적이면서도 누구나 알기 쉽게 표현했다고 확신한다.

책날개에서 살펴야 할 중요한 정보는 저자의 프로필이

다. 단지 눈으로 문자를 쫓지 말고 지금까지 저자가 걸어온 길을 되짚는다는 생각으로 보자. 그런 저자의 프로필을 통해 사고방식, 가치관, 배경 등을 흡수할 수 있다. 그렇게 저자의 입장이 되어본다면 책을 더 빠르고 정확하게 이해할 수 있다.

책 주요 부분의 명칭

① 제목

② 표지 앞면

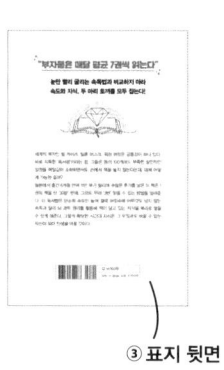

③ 표지 뒷면

④ 책날개

⑤ 저자 프로필

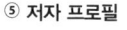

스킬 ② : 차례는 읽을 필요 없다

시중에 나와 있는 여러 독서법이나 속독법을 보면 차례를 꼼꼼히 읽으면 좋다고들 한다. 책을 좋아하는 사람이라면 한 번쯤 들어봤을 말이다. 그렇게 차례를 강조하는 가장 큰 이유는 전체 내용을 어느 정도 파악하고 결론을 예상하면서 읽을 수 있기 때문이다. 그렇게 해서 책을 읽는 본 과정을 보조하기 위함이다. 하지만 과연 그럴까? 오랜 시간 동안 초격차 독서법을 지속하고 있는 나로서는 그다지 동의할 수 없는 주장이다.

차례를 꼼꼼히 읽으면 책의 주제, 각 부분의 구성과 개

요를 먼저 파악할 수 있어 책을 이해하는 데 도움이 되기는 한다. 아마도 이것 때문에 차례를 강조한 것이 아닐까 생각한다. 흠잡을 데 없이 매우 지당한 말 같지만, 의외로 이 작업은 무의미하다. 도대체 왜 그럴까?

차례에 열거된 장 제목, 소제목들은 어차피 읽게 될 본문에도 쓰여 있기 마련이다. 그런 것을 굳이 중복해서 읽을 필요는 없다.

이런데도 일부러 시간을 들여 차례를 읽는다는 것은 엄청난 수고이자 시간 낭비 아닐까? 왜 책을 읽으려는지 목표만 분명하다면 차례 같은 건 전혀 필요하지 않다. 처음부터 책을 인생에 어떻게 활용할지 아웃풋 노트에 기록하면 애초에 차례를 읽을 필요가 없어진다.

또한 다른 사람이 구성한 차례를 통해 자신이 책을 읽어서 달성하려는 목표와 과제를 위한 해답을 찾겠다는 것은 무임승차라는 생각이 들지 않는가?

이렇듯 기본적으로 초격차 독서법에서는 차례를 건너뛴다. 이것으로 일단 독서 시작 지점부터 시간을 단축할 수 있다.

스킬 ③ : 에필로그도 건너뛴다

다음은 에필로그다. 프롤로그만큼 에필로그에도 책을 집필한 저자의 생각이 집약되어 있다. 그래서인지 여러 독서법에서는 대부분 에필로그를 처음에 먼저 읽을 것을 권하곤 한다. 에필로그를 통해 저자의 생각을 찾을 수도 있겠지만, 그런 경우는 거의 드물다. 기본적으로 에필로그는 이미본문에 나온 내용에 대해 저자가 보완하거나 요약해 정리했을 뿐이다.

여러분이 책을 통해 얻고자 하는 것과 부합하지 않는 부분은 재빨리 훑고 지나가거나 필요하지 않다고 생각되면 과감히 건너뛰어도 괜찮다.

책이 세상에 나오기까지 도움을 준 사람들을 언급하는 이른바 '감사의 글' 같은 것도 마찬가지다. 그런 부분은 굳이 읽지 않아도 책을 이해하는 데 어려움이 없다. 그럼에도 보통은 읽게 된다. 하지만 나는 다르다. "이 책을 집필하는 데 도움을 주신…"이라는 말이 등장하면 미련 없이 건너뛴다. 읽을지 말지 판단할 여지를 두지 않는다. 책을 읽는 목표나 과제만 명확하다면 저절로 그렇게 된다.

이렇게 하는 데는 분명한 이유가 있으니 오해하지 않기 바란다. 저자가 감사를 표한다는 것 자체는 바람직하고 중요한 일이다. 언급된 분들도 무척이나 기쁘고 자랑스러울 것이다. 나 또한 그동안 출간한 책에 도움이 되었던 직원들에게 감사 인사를 남기기도 했다. 다만 저자의 감사 인사는 여러분에게 하는 말이 아니다. 그렇다면 여러분이 읽을 필요가 없다.

이런 기준을 세우면 책의 첫 장을 넘기기 전부터 수십 페이지가 이미 제외된다.

스킬 ④ : 과감하게 결정해야 한다

이번에 건너뛸 부분은 본문에 삽입된 삽화나 도표다. 이런 삽화와 도표의 목적은 기본적으로 본문의 내용을 보완해 이해를 돕거나 강조하기 위함이다. 이 책에 실린 삽화를 한번 살펴보자(079, 173페이지). 어떤가? 본문에 서술된 내용과 거의 일치한다. 일반적으로 삽화와 도표는 본문의 내용을 바탕으로 하기 때문이다.

물론 삽화와 도표를 모두 부정하는 것은 아니다. 절차나 과정 등 글로 표현했을 때 지루해지거나 늘어질 수 있는 것을 단번에 이해시키거나 어려운 공식을 이미지화해 각인시

키려는 목적으로는 효과적이다.

하지만 이미 본문을 통해 충분히 이해했다면 건너뛰어도 문제없다.

이미 본문을 통해 이해한 내용을 재차 확인해도 더 이상의 효과를 기대하기는 어렵기 때문이다. 앞에서 언급한 것에 더해 여기까지 적용하면 책의 분야에 따라 다르겠지만 많은 경우 책 전체 분량의 3분의 1 정도는 읽을 대상에서 제외된다.

나의 다소 과감한 주장 때문에 놀란 분도 있을 수 있겠다. 하지만 초격차 독서법을 할 때는 항상 '이것이 과연 읽을 가치가 있는가?'라는 판단을 해야 한다. 중요하다고 생각하고 보면 한 문장 한 문장 모두 놓칠 수 없다고 느껴지기 마련이다. 그렇게 되면 결국 독서 시간만 한없이 늘어날 뿐이다.

뇌를 최대한 활용하는 초격차 독서법에서는 과감하게 결정해야 한다. 이것이야말로 목표를 명확히 해야 할 가장 큰 이유다. 목표가 명확할수록 모든 내용이 꼭 필요하고 중요한 것이 아님을 금세 깨닫게 된다.

이렇게 함으로써 뇌의 기억력을 최대로 활용하면서 누구나 즐겁고 빠르게 읽을 수 있다.

스킬 ⑤ : 한자 단어를 중심으로 읽는다

나는 속독법을 익히기 위해 학원에 다닌 적이 없다. 그러다 보니 특별한 노하우를 가지고 있지 않아 처음에는 무척 고생했다. 지금은 책 1권을 읽는 데 단 8분밖에 걸리지 않는데도 말이다. 내가 책 1권을 8분 이내에 읽을 수 있게 된 비밀 중 하나는 한자 단어를 순간적으로 파악하는 한자 리딩을 통해 글을 감각적으로 이해하기 때문이다.

한자 리딩이란 말 그대로 한자를 중심으로 책을 읽는 방법이다. 책을 빨리 읽지 못하는 사람의 대부분은 한 글자

한 글자 꼼꼼히 읽는다. 모든 글자를 머릿속으로 음독하면서 읽기 때문에 진도가 잘 나가지 않는 것이다. 하지만 빨리 읽는 사람은 다르다. 읽을 문자와 읽지 않을 문자를 기준에 따라 의식적으로 정해놓았기 때문이다.

한자에는 글자 하나하나에 많은 정보가 집약되어 있다. '정보情報'라는 단어를 예로 들어보자. 한자로 표기하니 두 글자로 끝났다. 이를 풀어서 표현한다면 어떻게 될까? '관찰 또는 측정으로 수집한 자료를 실제 문제에 도움이 될 수 있도록 정리한 지식이나 자료'가 된다. 의미가 압축되어 있지 않아 읽고 이해하는 데 시간이 훨씬 많이 걸린다. 물론 이 예는 조금 과장한 측면이 있지만, 내가 어떤 차이를 말하려 했는지 여러분도 잘 이해했으리라 본다.

문자는 정보를 전하는 기호다. 뇌가 기호를 의미로 파악하고 이해하기까지는 시간과 노력이 필요하다. 이번에는 문장을 예를 들어보자.

"오늘 미국 증권 시장은 일정한 흐름을 예측할 수 없는 혼란스러운 모습 속에 낮은 가격에 주식을 사들이려는 개인과 기관이 들어오며 내림세를 끝내고 작은 수준이나마 오르는 모습으로 바뀌었으며, 유럽 증권 시장 또한 대부분 오름세로 마감했습니다."

어떤가. 여러분 중에 이 문장의 의미를 이해하지 못하는 사람은 없을 것이다. 하지만 문장을 읽고 내용을 이해하기까지는 상당한 시간이 필요하지 않았는가? 이어서 다음 문장도 읽어보자.

"오늘 미국 증시는 혼조세 속에 저가 매수세가 유입되며 소폭이나마 반등에 성공했으며, 유럽 증시 또한 일제히 상승 마감했습니다."

이전 문장과 비교했을 때 눈으로 읽고 이해하기까지 뚜렷한 차이를 느꼈을 것이다. 이 두 문장을 비교해보면 한 가지 법칙을 발견할 수 있다. 한자를 많이 사용하는 문화 특성상 어떤 문장을 읽을 때면 자연스럽게 한자 중심으로 읽어나가게 된다는 사실이다.

한자 단어를 중심으로 글을 읽으면 다소 건너뛰며 읽어
도 90% 이상 의미를 이해할 수 있다.

이 방법을 활용함으로써 읽어야 하는 책의 물리적인 분
량을 절반 정도까지도 줄일 수 있다.

상식을 깨면 빨리 읽을 수 있다

한 연구에서는 의도적으로 문장 곳곳에 맞춤법을 틀리게 한 다음 실험 대상자가 그 내용을 제대로 이해할 수 있는지 실험했다. 그 결과 실험 대상자는 오류에도 불구하고 문장의 의미를 거의 제대로 이해했다고 한다. 한자 단어만 의미를 이해할 수 있을 정도라면 맞춤법이 다소 틀려도 읽을 때 알아채지 못할 수도 있는 것이다.

극단적으로 말하면, 뇌 과학적으로는 한자 단어를 우선적으로 인식하고 이해할 수 있도록 훈련한다면 책은 눈 깜빡할 새 읽을 수도 있다.

모든 문자가 중요하고 전달하는 의미를 이해해야 한다는 상식에서 조금만 벗어나면 얼마든지 글을 빨리 이해할 수 있다. 그것만으로 책에서 읽어야 할 문자 수는 대폭 줄어들게 된다.

스킬 ⑥ : 접속사에 주목하라

한자 단어를 중심으로 읽을 때는 무엇보다 접속사를 빠르게 파악하는 것이 중요하다. 글에 등장하는 접속사를 전략적으로 활용하면 다음 문장의 내용을 예상하면서 읽을 수 있다. 또한 저자의 근본적 의도를 파악하는 등 책 전체의 구성도 쉽게 이해할 수 있다.

대부분의 접속사는 건너뛰어도 상관없다. 하지만 특정 접속사는 예외적으로 주목해야 한다.

예를 들면 "하지만", "그러나", "그렇지만", "한편" 같이 앞의 내용과 상반되는 관계를 나타내는 접속사와 "즉", "왜냐하면", "요컨대", "말하자면" 같이 앞의 내용에 다른 설명을 덧붙인다거나 예시를 들기 위한 접속사가 해당한다.

앞의 내용과 상반되는 관계를 나타내는 접속사 다음에는 일반적으로 저자의 중요한 결론이 숨겨져 있는 경우가 많다. 마찬가지로 앞의 내용에 설명을 덧붙이는 접속사 다음에는 저자의 생각이나 경험을 바탕으로 한 핵심 주장이 정리하듯 쓰여 있을 것이다.

"하지만" → (저자의 중요한 주장이나 결론) → "즉" → (주장의 정리)

일반적인 책의 내용은 위와 같은 흐름을 보인다.

스킬 ⑦ : 족집게 리딩

　분야를 막론하고 책은 기본적으로 저자가 말하고자 하는
핵심은 하나로 정리할 수 있다.

　아마 이 부분을 읽고 있는 여러분 중에는 어떤 책의 경우
주장이 서너 가지나 등장한다고 반박하는 분도 있을 것이
다. 하지만 그것은 책 구조의 문제다. 분명 하나의 핵심 주
장이 존재하고 그 하위에 자리한 둘 이상의 논점을 핵심 주
장이라고 여겼을 것이다.

　문학 작품이나 다양한 주제의 짧은 글이 연속으로 나열

된 에세이가 아닌 이상 저자가 전달하려는 하나의 핵심 주장과 거기에서 가지를 뻗은 논점만 파악한다면 전체 책의 내용은 쉽게 이해할 수 있다.

이 원리를 활용한 방법이 지금부터 소개할 '족집게 리딩'이다.

이 방법은 나의 컨설팅 경험을 바탕으로 완성되었다. 보통 컨설턴트는 결론을 먼저 말하고 간략한 설명을 덧붙이며 대화를 진행한다. 이 때문에 내가 운영하고 있는 컨설팅 회사에서 신입 직원들을 교육할 때마다 "소리를 내지 않아도 괜찮으니 머릿속으로 '결론을 먼저 말씀드리면'이라고 운을 뗀 후 대화를 시작하세요"라고 가르친다. 그러면 신기하게도 이제 막 입사한 신입 직원도 제법 능숙하게 결론부터 시작해 대화를 이끌어간다. 마음속으로 하는 말이라도 뇌는 그 말에 이끌려 결론부터 사고를 진행하기 때문이다.

이 방법과 마찬가지로 '그러니까 무엇을 말하고 싶은 것인가?' 이렇게 되뇌며 책을 읽으면 중요한 부분과 그렇지 않은 부분을 무의식에 구분할 수 있게 된다. 앞서 접속사를 설명한 부분에서 말했던 대로 핵심 주장이나 결론은 정해져 있어 저자가 무엇을 말하고자 하는지 파악하기란 그리 어렵지 않다. 정리하면 이런 과정을 거치게 된다.

'그러니까 무엇을 말하고 싶은 것인가?' (핵심 주장 탐색) → '핵심 주장을 뒷받침하는 논점이나 포인트는 무엇인가?' (구조 확인) → 핵심 주장을 중심으로 책의 구조를 이해한다.

나는 '족집게 리딩'을 시작한 뒤부터 핵심 주장만 명확히 찾으면 책의 내용 중 절반은 과감히 버려도 문제없다는 사실을 깨달았다. 책의 내용을 압축하면 그만큼 기억에 남기는 것도 수월해진다. 그렇게 확보한 시간은 계획을 세우거나 행동으로 옮기는 데 활용할 수 있게 된다. 이 사실을 깨달은 후 '그러니까 무엇을 말하고 싶은 것인가?'라고 생각하며 결론을 찾다 보니 책을 읽는 속도가 엄청나게 빨리지게 되었다.

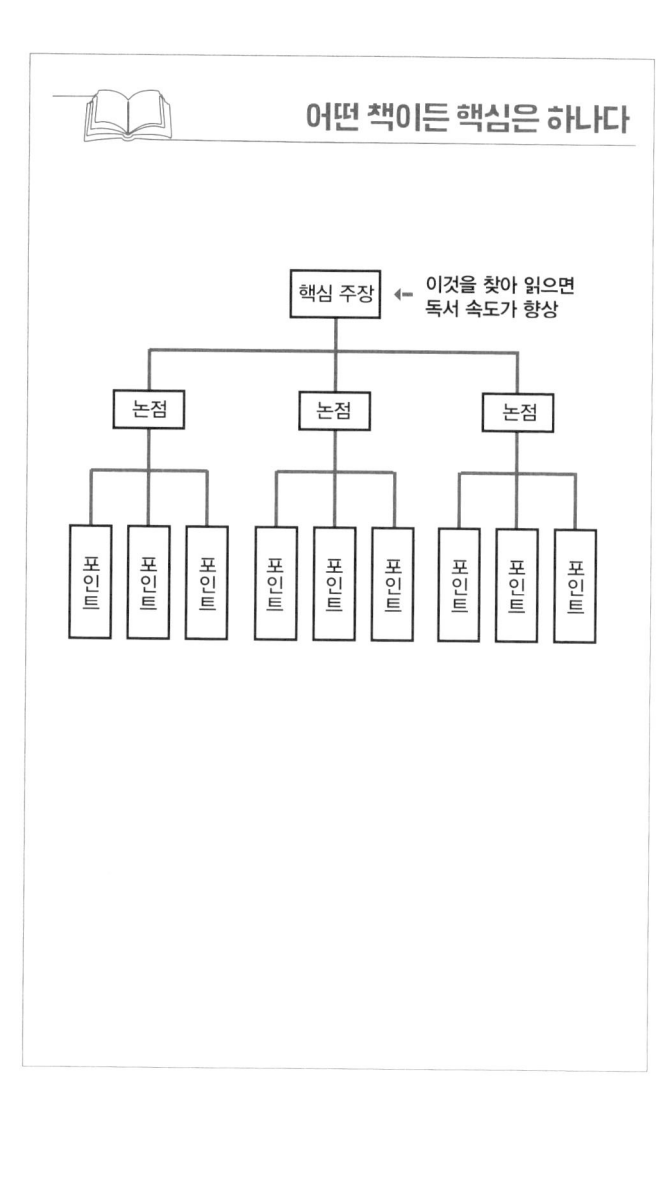

어떤 책이든 핵심은 하나다

핵심 주장 ← 이것을 찾아 읽으면
독서 속도가 향상

논점   논점   논점

포인트 포인트 포인트   포인트 포인트 포인트   포인트 포인트 포인트

스킬 ⑧ : 중요한 페이지는 접어둔다

사람들은 흔히 책을 읽다가 중요한 부분이나 나중에 다시 볼 법한 부분이 나오면 포스트잇을 붙이곤 한다. 나는 책장을 넘기다 표시해야 할 경우 그냥 한쪽 귀퉁이를 접는다. 이 방법을 추천하는 이유는 그 어떤 도구도 필요하지 않기 때문이다. 이것이 가장 큰 이유이긴 하지만, 사실 포스트잇은 시간이 지나면 접착력이 하락하는 근본적인 문제가 있어 종종 떨어지곤 한다.

나는 가방에 늘 두어 권의 책을 넣고 다니는데 가방을 열어보면 애써 붙였던 포스트잇이 떨어져 있을 때가 많았다.

아마도 책끼리 부대끼면서 벗겨진 모양인데 이렇게 되면 어느 곳에 붙였었는지 일일이 기억할 수 없어 난감할 때가 많았다.

　책장 한쪽 귀퉁이를 접어서 얻을 수 있는 가장 중요한 이점은 바로 이것이다. 여기저기 접힌 곳이 많다는 것은 어떤 과제를 해결하는 데 도움을 받을 수 있는 지식이 가득한 책이라는 것을 뜻한다. 이렇게 접힌 곳이 많은 책은 한눈에 봐도 두꺼워져 있어 눈에 띄기 마련이다.

　초격차 독서법을 생활화하면 자연스럽게 책장이 책으로 채워지는 속도도 빨라질 것이다. 그때 가치 있는 책을 한눈에 찾아내는 방법도 미리 계획해 두자.

초격차 독서법 2회차
: 파란펜을
적극적으로 활용하라

스킬 ① : 접어놓은 페이지를 공략하라

1회차를 15분 동안 읽었다면 이제 2회차를 시작한다.

2회차는 1회차를 끝낸 후로부터 어느 정도 시간을 둔다. 그리고 1회차 때와 다른 장소에서 읽는다. 이렇게 해야 뇌에 지식이 훨씬 잘 정착된다.

2회차는 10분 만에 읽는다. 2회차를 처음 시도한다면 과연 잘할 수 있을지 걱정되기도 할 것이다. 하지만 걱정할 필요는 없다. 책을 한 번 읽었으니 전체적인 내용은 이미 파악했고, 또한 중요한 부분은 한쪽 귀퉁이를 접어놓았으니 접힌 부분을 중심으로 읽어가면 된다.

IT 기업 라쿠텐의 대표 미키타니 히로시 씨는 엄청난 다독가로 유명하다. 게다가 주위 사람들이 깜짝 놀랄 만큼 빨리 읽는다고 한다. 아마도 미키타니 씨가 지금까지 다양한 책을 굉장히 많이 읽어왔기 때문에 거의 순식간에 책의 내용을 이해할 수 있기 때문이 아닐까 싶다.

최근 인기를 끌고 있는 투자 관련 책의 경우 이 분야의 책을 처음 읽을 때보다 이전에 이 분야의 다른 책을 읽어본 경험이 있다면 이미 습득한 지식이 있기 때문에 읽으면 읽을수록 더 빨리 읽을 수 있다.

경영 이론이나 인사·조직 운영처럼 전문적인 지식을 다루는 분야의 책도 마찬가지다. 한때 이 분야에서 주목을 받았던 《조직의 재창조》라는 번역서가 있었다. 이 책은 무려 600페이지가 넘는 분량을 자랑해 누구라도 읽는 데 제법 오랜 시간이 걸린다. 하지만 인사·조직 운영을 다룬 책을 어느 정도 읽어본 경영자나 실제로 인사나 관리 부서에서 실무를 관장한 경험을 가지고 있다면 관련 지식이 많은 만큼 이해가 빨라 읽는 속도도 현격히 빨라진다.

이와 마찬가지로 이미 한 차례 읽었기에 내용을 이해하고 있는 책을 한자 리딩과 족집게 리딩을 구사하며 재확인하는 의미에서 읽는 것이 초격차 독서법 2회차라고 할 수 있다.

스킬 ② : 파란펜 메모 리딩

앞에서 2회차에서는 모든 페이지를 읽을 필요가 없다고 말했다. 접힌 부분을 중심으로 읽어가면서 1회차 때 제대로 이해하지 못한 부분을 읽으면 된다.

나는 2회차에서는 책의 전체 내용 중 70% 정도만 읽는다. 굳이 두 차례 읽을 필요가 없다고 판단한 나머지 부분은 미련 없이 넘어간다. 이때 내가 추천하는 방법이 바로 '파란펜 메모 리딩'이다. 파란펜 메모 리딩은 뇌 과학으로 입증된, 지식을 쉽게 기억하는 데 도움을 주는 방법이다.

구체적으로 살펴보자.

간혹 처음 샀을 때와 별다를 것 없이 책을 무척 깨끗하게 읽는 사람을 만나곤 한다. 이것은 성격 탓일 수도 있다. 내가 운영하는 회사에는 무슨 일이 있어도 책에 절대 밑줄을 긋지 않는 직원이 있다. 책을 다 읽고 중고 서점에 판매할 계획을 세우고 있는 것이라면 그렇게 깨끗이 보는 것을 충분히 이해할 수 있다.

책을 깨끗하게 읽는 사람이 놓치게 되는 중요한 사실이 한 가지 있다. 그것은 바로 책의 지식이 머릿속에 남기 어렵다는 점이다.

아무리 책을 많이 읽는다고 해도 지식이 머릿속에 남지 않는다면 인생에 도움이 되지 않는다. 오히려 책을 읽기 위해 시간을 투자했음에도 지식이라는 수익을 얻지 못했으니 결국 손해가 되는 것이다. 나는 이런 상황을 두고 "책의 지식이 뇌에 설치되지 못한 상태"라고 표현하곤 한다.

그렇다면 책을 깨끗하게 읽는 경우 지식이 머릿속에 남지 못하는 것은 어떤 이유 때문일까?

책을 깨끗하게 읽는다는 것은 책에 그 어떤 행동도 더하지 않는다는 것을 의미한다. 인간의 뇌는 기본적으로 희로애락의 감정이 존재할수록 기억에 잘 남는 특성을 보인다.

적극적으로 감정을 표현하며 책을 읽으면 책의 지식이 뇌에 잘 남게 된다. 뇌 과학에서는 이것을 '에피소드 기억'이라고 부른다.

이 에피소드 기억이 파란펜 메모 리딩을 해야 하는 핵심 이유가 된다.

그렇다면 수많은 색의 펜 중에서 굳이 왜 파란펜으로 메모를 해야 할까? 파란펜을 사용하는 데에는 이유가 있다.

각각의 색은 뇌에 자극을 주는 인자가 다르다. 예를 들면 흰색은 신뢰감을 주고, 빨강색은 정열과 열정을 불러일으킨다. 그렇다면 파란색은 뇌에 어떤 영향을 줄까?

파란색은 주로 사고력이나 분석력을 높여준다. 뇌에 지식을 저장하는 데에도 일정한 효과가 있다. 또한 책의 문자는 대부분 검정색으로 인쇄된다. 그래서 검은색 펜을 사용하면 메모가 눈에 잘 띄지 않는다. 그렇다고 빨간색 펜은 너무 눈에 띄어 초격차 독서법을 하는 데 방해가 된다. 나는 이러한 점을 감안해 초격차 독서법을 할 때 방해를 받지 않기 위해 반드시 파란펜을 사용한다.

스킬 ③ : 에피소드 기억

뇌는 생명을 유지하는 데 필요한 에너지의 25%를 소비한다고 한다. 그런 뇌가 모든 기억을 담아둔다면 매우 연비가 나쁘다. 그래서 과거의 기억은 뇌 깊숙이 담아두고 필요하지 않은 이상 좀처럼 밖으로 나올 일이 없다. 그런데 우연히 방문한 캠프장에서 어릴 때 먹었던 카레 맛이나 요리법이 선명하게 떠오르는 일이 있다.

이것은 평소에는 뇌가 생활에 불필요하다고 느껴 깊숙이 담아뒀던 기억이 캠프장 방문이라는 방아쇠를 힌트로 에피소드로서 과거의 기억과 함께 인출된 것이다.

신나는 스쿠버다이빙 포스트를 보고 따개비, 바다표범 같은 바다생물을 떠올리는 것도 마찬가지다. 각각의 기억은 당시 회로애락 등의 감정을 방아쇠로 하여 머릿속 에피소드로 전부 이어져 있다.

기억의 달인들은 단순히 뇌의 성능이 뛰어난 것이 아니다. 뇌 과학적으로 말하면 기억의 방아쇠를 당기는 데 달인으로 기억을 자유롭게 구사하여 암기하고 있을 뿐이다. 이것은 뇌 과학적으로도 인정받은 최첨단 기억법이다. 이 구조를 독서에 이용한 것이 '파란펜 메모 리딩'이다.

책에 메모하는 자체가 방아쇠가 되어 굉장히 기억에 남기 쉽다. 또한, 감정을 실어 메모하면 에피소드 기억으로도 이어진다.

단순히 읽기만 해서는 책 내용의 90%는 기억에 남지 않는다. 이런 식으로 연구하여 뇌에 기억을 남기는 것이 중요하다.

스킬 ④ : 책을 아끼지 마라

파란펜으로 메모할 때는 되도록 문자에 감정을 담아서 적는다.

초격차 독서법 1회차에서 '이 내용은 기획서를 작성할 때 활용하면 효과적이겠는걸', '내일 출근하면 후배에게 알려 줘야겠다'라고 생각하며 읽더라도 잊어버리기 일쑤다. 왜 냐하면 사람은 쉽게 잊는 존재이기 때문이다. 초격차 독서 법 1회차 때 읽고 인상 깊었던 부분을 2회차 때 읽으면서 파란펜으로 메모하면 뇌에 지식이 새겨진다.

파란펜으로 그냥 밑줄만 그을 게 아니라 그 옆에 '이 내용은 후배에게 알려주자', '이 심리학 실험은 고객과 상담할 때 활용하면 계약 성공률 up!', '내년 사업 계획서에 적용' 등이라고 메모를 남기면 뇌리에 깊이 새겨진다.

어떤가? 메모하는 방법을 조금만 고민하고 바꿔도 이렇게 달라질 수 있다. 어떤 느낌인지 알 것 같지 않은가?

나중에 책을 다시 읽을 때 그어진 밑줄이나 적힌 메모가 머릿속에 담고 싶은 중요한 지식 가까이에 있으면 왜 밑줄을 긋고 메모를 했는지 한눈에 알아볼 수 있다. 무엇보다 에피소드 기억으로 뇌에 저장하기 쉬워진다.

이처럼 초격차 독서법을 할 때는 파란펜 메모가 필수다. 그래서 도서관이나 지인에게서 빌린 책으로는 실행하기 어렵다. 인생의 파트너인 책을 읽을 때는 되도록 구입해서 마음껏 파란펜으로 끼적여보자.

▲
▲

초격차 독서법 3회차

: 아웃풋 노트가

인생 역주행을 만든다

▲
▲

'인생 책'을 만났다면

초격차 독서법 3회차는 어떻게 읽어야 할까? 초격차 독서법 3회차의 소요 시간은 약 5분이다. 나의 경우 3회차 때에 다시 읽는 부분은 책 전체의 10% 정도다. 그렇다면 나머지 90% 정도는 이미 이해했거나 지식을 충분히 저장했다는 말이 된다.

나는 모든 책을 3번까지 읽지는 않는다. 책이 담고 있는 지식의 깊이가 얕거나 지식이 충분히 저장된 책은 2번까지만 읽고 멈춘다. 만약 10권을 읽는다면 이 3회차까지 오는 책은 3권 정도다.

　초격차 독서법을 실천하면서 3회차까지 도달하게 되면 책에 따라 내용이 인생에 매우 도움이 된다거나, 실생활에 바로 활용할 수 있겠다거나, 주위에 알려주고 싶다는 생각이 드는 책이 있을 것이다. 그런 책이야말로 자신의 목표에 부합하고 과제를 해결하는 데 딱 맞는 책이다. 이런 책은 여러분의 인생을 바꿔줄 가능성이 큰 책이니 초격차 독서법 3회차를 반드시 실행할 것을 권한다. 이를 뒤집어서 말하면 초격차 독서법은 이렇게 인생에 도움이 되는 책과 만나는 시간을 충분히 확보하기 위해 불필요한 책을 거르는 수단이 된다는 뜻도 된다.

　앞에서 설명한 아웃풋 노트라는 이름의 독서 노트를 쓸 가치가 있는 책도 3회차까지 실행할 가치가 있다고 판단한 책이다. 아웃풋 노트는 간단하게 말하면 책에서 얻은 지식을 구체적인 행동으로 실현하기 위해 쓰는 것이다.

아웃풋 노트를 쓴다는 것을 전제로 책에서 얻은 지식을 어떻게 행동으로 이어갈지 생각하고, 그 내용을 파란펜으로 책에 덧쓰는 것이 3회차의 아웃풋 리딩이다.

전혀 어렵지 않고 시간을 많이 들일 필요도 없다. 단 5분 정도만 아웃풋 노트에 정리할 부분을 읽으면 된다.

이미 2번이나 읽은 데다 한자 리딩, 족집게 리딩으로 자신에게 필요한 부분을 잘 찾았을 것이다. 그리고 1회차 때 읽으면서 한쪽 귀퉁이를 접어둔 것도 도움이 될 것이다. 거기에 파란펜 메모 리딩까지 더해지니 책 속의 중요한 부분이 한눈에 들어오게 된다. 그렇게 중요한 부분만 가려내 읽어도 그때의 감정이 에피소드 기억으로 되살아난다. 이 방법도 기억을 저장하는 데 한몫을 한다. 아마도 빠른 사람은 1분도 채 걸리지 않고 끝날 것이다.

초격차 독서법의 핵심인 아웃풋 노트에 대해서는 뒤에 이어질 파트 4에서 자세히 다루도록 하겠다.

초격차 독서법 활용 사례

대학 입시를 앞두고 있는 고등학생 D양

대입이 얼마 남지 않았는데 점수는 좀처럼 오르지 않았다. 오랜 시간 자리를 지키며 나름 열심히 공부하는데도 금방 잊어버리고 말았다. 공부한 내용을 잊어버리지 않는 좋은 방법은 없을까 하는 고민이 컸다.

아마도 나 같은 수험생이라면 대부분 같은 고민을 할 것이다. 그렇다면 공부할 때 초격차 독서법 패턴 ②를 활용해보자. 몇 시간에 걸쳐 꼼꼼하게 참고서를 보는 것보다 시간을 나눠 반복 학습하는 편이 확실히 기억에 오래 남았다.

초격차 독서법이 몸에 익으니 특히 언어 영역의 점수가 크게 상승했다. 다른 과목의 경우에도 긴 지문이나 문제를 빨리 읽고 이해할 수 있었다. 시간 제한을 두는 초격차 독서법의 특성상 한정된 시험 시간에도 익숙해져 시간 부족으로 초조해하는 일도 줄어든 건 덤으로 얻은 효과였다.

초격차 독서법의
화룡점정、
아웃풋 노트

책 속 지식을

온전히 내 것으로 만들

아웃풋 노트 작성법

인생 역주행의 첫걸음

지금부터는 아웃풋 노트의 의의와 작성법에 관해 구체적으로 설명하겠다.

아웃풋 노트와 일반적인 독서 노트가 똑같지 않냐고 생각하는 분도 있겠지만, 아웃풋 노트와 독서 노트는 엄연히 다르다. 쓰는 방법도 목적도 전혀 다르다. 독서 노트는 책을 읽은 감상을 엮은 독서 일기라고 할 수 있다.

반면 아웃풋 노트는 초격차 독서법으로 얻은 지식이 여

러분의 피와 살이 되도록 해준다.

단순히 책을 읽은 감상을 엮는 것이 아니다. 아웃풋 노트에는 책에서 얻은 지식을 행동으로 옮기는 데 필요한 지침이나 힌트가 될 만한 내용을 간략하게 작성한다.

만일 여러분이 초격차 독서법의 목적을 단순히 빨리 읽는 데에만 둔다면 아웃풋 노트를 다룬 이번 파트의 내용은 건너뛰어도 무방하다. 또는 아웃풋 노트를 쓰지 않아도 행동으로 옮기거나 일의 성과를 낼 수 있는 사람은 무리하게 쓸 필요가 없다. 그러나(← 앞의 내용과 상반된 내용이 등장함을 암시하는 역접 접속사가 나왔다. 이 접속사 다음에는 분명 중요한 논점이 등장할 것이다.) 실제로 책의 내용을 뇌에 정착시키고, 구체적인 행동 플랜을 세워 실생활에 활용할 생각이라면 역시 어떠한 형태로든 아웃풋해야 한다.

물론 지금까지의 초격차 독서법으로 당신의 뇌는 최대로 활성화되었다. 지금까지의 그 어떤 독서법보다 뇌에 지식이 정착되기 쉬운 상태가 된 것이다. 하지만 더 말할 것도 없이 초격차 독서법의 지향점은 여러분의 소망이나 인생의 목표를 독서를 통해 이루려는 것이다. 그러기 위해서는 목표 지점에서부터 거슬러 올라 목표를 이루도록 도울 인풋과 아웃풋을 하는 것이 중요하다. 단지 책의 지식을 저장하는 것만 목표로 한다면 아무것도 바뀌지 않는다.

아웃풋 노트는 심플하게

아웃풋 노트에 지나치게 많은 시간을 들이는 것은 좋지 않다. 이것은 내가 오랜 세월에 걸쳐 시행착오를 겪으며 얻은 결론이다. 여러분이 아웃풋 노트에 과도하게 시간을 들이면 초격차 독서법을 계속 유지하기 어려워진다.

책을 읽으면서 중요하다고 생각한 부분이나 '파란펜 메모 리딩'으로 찾아낸 요점을 '에센스'라고 부른다. 이 에센스를 추출해 5~6개, 많아야 10개 정도의 항목으로 정리하는 것이 가장 좋은 방법이다.

따라서(← 앞의 내용에 다른 설명을 덧붙인다거나 예시를 들기 위한 접속사가 나왔다) 나의 초격차 독서법 아웃풋 노트는 대단히 심플하다. 소요 시간도 10분 정도밖에 되지 않는다.

나를 따라서 이 책을 여기까지 읽었다면 나의 성향에 대해 조금은 느꼈을 것이다. 나는 거추장스러운 것을 좋아하지 않는다. 간결하고 정리된 것을 좋아한다. 이제는 불필요한 것을 일절 생략한 최강의 아웃풋 노트 작성 방법을 소개하겠다.

책의 에센스는 한 문장으로

도움이 되는 아웃풋 노트의 에센스는 어떤 것일까? 책을 성과와 연결 짓는 핵심은 행동을 위한 계획과 여러분의 실행력이다. 그렇다면 행동 계획과 실행으로 이어질 만한 것을 적으면 된다.

예를 들어 인스타그램 같은 SNS 채널에서 효과적으로 홍보하는 것이 여러분의 목표라고 하자. 이러한 목표를 갖고 SNS 마케팅 관련 책을 읽다 보면 '인스타그램에 사진은 어떤 식으로 올리면 효과적일까?', '다른 사람들은 인스타그램에서 어떻게 입소문을 내고 있을까?' 같은 에센스를 알게 된다.

일단 그 책의 에센스는 10자에서 최대 20자 정도의 한 문장으로 아웃풋 노트에 정리한다.

이 모든 에센스는 여러분의 성과로 연결될 것들이다. 다음 과제는 이 에센스를 어떻게 실생활에 활용할지 생각하고 행동 플랜도 아웃풋 노트에 함께 적는다.

길고 복잡하게 글을 쓰는 것이 아닌, 최대 20자 정도의 간단한 한 문장은 누구나 쓸 수 있다. 시간도 오래 걸리지 않고 머릿속에 정리하기도 쉽다. 또한 기억에도 쉽게 남아 바로 활용할 수 있다.

유명한 이야기라 알고 계신 분도 많겠지만, 일본 야후 뉴스의 헤드라인은 13자로 되어 있다. 사람이 단번에 이해할 수 있고, 다른 사람에게 가장 효율적으로 전달할 수 있는 문자의 수를 연구한 결과 13자가 되었다고 한다.

무엇보다 문자 수가 적으면 기억에 잘 남는다. 또한 뇌에 각인되니 입소문을 내기도 좋다.

10~20자의 내용을 입으로 말하면 대략 3초 정도 걸린다. 프레젠테이션 능력이 뛰어난 사람이나 대화를 할 때 주제가 끊이지 않는 커뮤니케이션의 달인들을 보면 3초짜리 주제를 많이 가지고 있다. 당연히 이 기술은 업무뿐만 아니라 일상 곳곳에서도 다양하게 응용할 수 있다.

잘못된 아웃풋 노트의 예

초격차 독서법을 실천하는 분들 가운데 흔히 나타나는 한 가지 실수가 있다. 그것은 바로 아웃풋 노트를 작문 형식으로 쓰는 것이다.

초격차 독서법을 실천 중인 지인 한 분은 아웃풋을 습관화하려고 아웃풋 노트를 쓰기 시작했다. 그런데 전혀 기억에 남지 않는다며 나에게 도움을 청했다. 나는 가장 먼저 아웃풋 노트를 보여달라고 했다. 그 노트를 본 나는 놀라지 않을 수 없었다.

그분은 무척 꼼꼼한 성격을 가지고 있다. 아웃풋 노트에는 그의 꼼꼼한 성격을 고스란히 보여주듯 글이 빼곡하게 적혀 있었다. 내가 문제라고 생각한 점은 그것이 아니었다. 그 노트에는 책의 내용이 마치 독후감처럼 장문으로 적혀 있었다.

긴 문장으로 정리하면 머릿속에서 전혀 정리되지 않는다. 불필요한 정보가 많아져 기억하기도 힘들다.

냉정하게 들리겠지만 활용하지 못하는 책의 지식은 결국 쓸모없어진다. 명확한 목표를 세우고 많은 책을 읽는 이상 단 한 걸음이라도 그 목표에 가까워져야 하지 않겠는가?

만약 책을 아무리 많이 읽어도 좀처럼 인생이 바뀌지 않는다면 결국 시간만 낭비한 셈이다. 만일 그렇다면 독서와 인생을 어떻게 연결하는 것이 좋을지 진지하게 고민해봐야 한다.

우리의 인생은 유한하다. 독서를 성과로 이어가지 못하면 남은 인생만 줄어들 뿐이다.

지식의 양만으로는 경쟁할 수 없는 시대

내가 지인의 아웃풋 노트에 엄격한 잣대를 들이댄 이유는 이제 지식의 양만으로 경쟁할 수 없는 시대가 다가왔기 때문이다.

책을 많이 읽어 머릿속에 다양한 지식을 축적하는 것은 매우 바람직하다. 하지만 요즘 세상은 손바닥 크기의 화면만 터치해도 눈뿐만 아니라 귀를 통해서도 얼마든지 지식을 습득할 수 있는 시대다. 남들보다 많은 지식을 접하고 알고 있는 것만으로는 무기로 삼을 수 없다.

축적한 지식으로 어떻게 행동을 바꾸고, 자신을 바꾸고, 환경을 바꿀 것인지 고민해야 한다. 이 3가지 고민을 초격차 독서법과 연결하는 것이 무엇보다 중요하다.

책을 읽은 감상을 나열하는 것은 소중한 시간을 낭비하는 것뿐만 아니라 노력을 낭비하는 것이다. 최대한 간단하게, 쉬운 방법을 활용해 확실하게 머릿속에 저장해 잊지 않도록 해야 한다. 이런 아웃풋 노트를 작성한다면 기존의 독서 노트에 비해 압도적으로 짧은 시간만 들이면 된다.

나의 경우 모눈종이 형태로 된 노트를 아웃풋 노트로 사용한다. 이러한 형태의 노트라면 아웃풋 노트에 기재하는 독서의 목적, 과제 등의 메모나 책의 에센스, 앞으로의 행동 플랜을 깔끔하게 분류하여 정리할 수 있다. 또한 어떤 도구가 없어도 도표나 그래프를 쉽게 그릴 수 있다는 점도 중요하다.

"좋아요"가 인생을 바꾸지 않는다

시중에 나온 독서법 관련 책을 보면 SNS나 블로그를 통해 독서 후 감상을 공유하라고 권유하곤 한다. 과연 그런 것으로 일이나 인생이 얼마나 바뀔 수 있을까?

물론 그것이 잘못되었다거나 나쁘다는 뜻이 아니다. 나 역시 독서를 통해 얻은 에센스를 매일 SNS에 올린다. 하지만 이것은 내가 경영자이기 때문에 하는 것이다. 회사의 구성원들과 지식을 공유하니 자연스럽게 교육이 되고, 회사 홍보로도 이어진다. 다른 측면으로는 저자로서 독자에게 새롭게 알게 된 좋은 지식을 계속 전하려는 마음도 있다. 아무런 대가 없이 하는 행동인 것 같지만 사실 내게 다시 돌아올 이익까지 계산한 행동이다. 만일 아무런 이득이 없다면 지속할 수 있었을까? 솔직히 장담하기 어렵다.

"좋아요"나 댓글만으로 인생을 바꿀 수 있을 만큼 세상은 호락호락하지 않다.

▲
▲

새로운 삶을 항해할 때

지도와 나침반이 되어줄

아웃풋 노트

▲
▲

아웃풋 노트 작성 포인트 4가지

드디어 구체적인 실천 방법을 소개하겠다. 아웃풋 노트를 작성할 때의 핵심은 4가지다. ① 독서의 목표, ② 메모, ③ 책의 에센스, ④ 행동 계획과 구체적인 실천 방법.

자, 이제 하나씩 확인해보자.

① 목표 : 책을 읽기 전에는 반드시 독서의 목표를 언어화한다. 이 간단한 절차만으로도 더 빨리 읽을 수 있다. 예를 들어 '주식 투자로 연 10% 이상의 수익을 얻

심플한 아웃풋 노트 활용법

목표 :	읽은 책 :	에센스 :	행동 계획 :
책을 빨리 읽는 방법을 깨닫는다.	《부자들의 초격차 독서법》	많이 읽을 수 있고 기억에도 남는 초격차 독서법.	출퇴근 때 초격차 독서법을 실천한다. 목표는 매일 1권.

고 싶다', '신사업 마케팅에 활용할 전략을 연구한다' 같은 식이다.

② 메모 : 책을 읽은 날짜와 독서 시간 등을 자유롭게 적는다. 독서 시간을 기록하면 성취감은 물론이고 습관화하는 데 도움이 된다.

③ 책의 에센스 : 책의 에센스를 10~20자 이내의 한 문장으로 정리한다. 에센스가 여럿일 때도 마찬가지로 항목당 최대 20자 이내로 정리한다. 예를 들면 다음과 같이 된다.

- "상식은 시대에 따라 바뀐다."
- "과한 관심은 쓸데없는 참견이 된다."
- "정의가 반드시 승리하는 것만은 아니다."

④ 행동 계획과 구체적인 실천 방법 : 책의 에센스를 어떻게 구체적인 행동으로 이어갈지 적는다. 예를 들면 앞에서 정리한 에센스를 기반으로 하면 다음과 같이 정리할 수 있다.

- "상식은 시대에 따라 바뀐다." → 지금은 비상식일지라도 이를 바탕으로 새로운 기획을 하자.
- "과한 관심은 쓸데없는 참견이 된다." → 이제부터 정 팀장님과는 거리를 두자.
- "정의가 반드시 승리하는 것만은 아니다." → 나의 정의를 다른 사람에게 강요하지 말자.

'행동 계획'의 중요성

아웃풋 노트를 작성할 때 가장 중요한 것은 행동 계획이다. 이것을 실현해야 독서라는 인풋이 비로소 행동이라는 아웃풋이 된다.

앞에서 소개한 아웃풋 노트 예시 그림을 다시 보자. 행동 계획이 노트 오른쪽에 위치하고 있다.

왜 오른쪽에 적었을까? 가로쓰기 노트를 펼쳤을 때 오른쪽이 가장 눈에 잘 띄기 때문이다.

사람의 시선은 보통 왼쪽에서 시작해 오른쪽에 머물게 된다. 따라서 아웃풋 노트에서 가장 중요하다고 할 수 있는 행동 계획을 오른쪽에 작성하는 것이다.

책에서 찾은 에센스는 중요한 부분이기는 하나 추상적인 내용이다. 아직은 내 것이 되었다고 말할 수 없기 때문이다. 맞춤 양복점에 진열된 샘플을 보고 나의 몸의 치수를 측정해 주문하는 과정이라고 생각하면 된다.

예를 들어 유명 다국적 기업의 CEO가 쓴 책을 읽고 새로 이끌게 된 팀의 육성에 도움을 받고자 한다면 어떻게 해야 할까? 간단하다. 지금까지 살펴본 초격차 독서법을 따라 책을 읽고, 에센스를 추출한 다음, 어떻게 하면 성과로 연결할 수 있을지 구체적인 행동 계획을 아웃풋 노트의 오른쪽에 정리하면 된다.

자연스럽게 시선이 가는 노트의 오른쪽에 행동 계획이 위치하기 때문에 그 내용은 수시로 볼 수밖에 없다. 또한 볼 때마다 머릿속에 반복해서 저장되어 쉽게 잊지 않게 된다.

그렇게 행동 계획을 항상 머릿속에서 되뇌면 추상적이었던 생각은 마침내 진짜 행동으로 바뀌어 변화를 불러온다.

아웃풋 노트는 여러분이 행동으로 옮겨야 할 것들의 집대성이 된다. 일목요연하게 정리된 것들은 매 순간 여러분이 어떻게 행동해야 하는지 지침이 될 것이다.

 ## 계획을 어떻게 행동으로 연결할 것인가

여러 행동 계획에 우선순위를 부여하거나 진행 상황을 주기적으로 점검하면 실제 행동으로 옮기기 쉽다. 여기에 무엇을 더하면 더욱 효과적일까? 행동 계획을 세웠다면 과제의 성취도와 우선순위에 점수를 부여해 기록한다. 점수를 부여하면 지금 현재 시점에 보다 객관적으로 집중할 수 있다.

'이 행동 계획은 아직 1점. 아직 내가 제대로 실천하고 있지 못해.', '그래도 이 행동 계획은 9점. 이쯤 되면 나도 저자와 거의 비슷하게 잘 하고 있어.' 이런 식으로 자신의 행동을 평가하고 객관적으로 바라볼 수 있다. 그렇게 되면 '좀 더 빨리 좋은 영향력을 갖고 싶다', '더 효율적으로 일할 수 있는 기술을 배워야겠어' 같은 생각을 하면서 좋은 자극을 받게 된다.

시간이 오래 걸리는 책

아웃풋 노트는 보기에도 심플하고 쓰는 데 시간도 많이 걸리지 않는다. 하지만 역시 예외 없는 법칙은 없다. 아웃풋 노트를 쓰는 데 시간과 품이 많이 들어가는 책이 있기 마련이다. 주로 다음과 같은 유형의 책이다.

첫 번째는 얻을 수 있는 지식이 많은 양질의 책이다. 아무리 분량이 적어도 내용이 알차고 기록하고 싶은 에센스가 많은 책은 역시 시간이 더 걸린다. 나의 경우 에센스를 정리하는 과정을 생략했다가는 분명 성장에 걸림돌이 된다고 판단한 책은 평소보다 두 배의 시간을 투자하기도 한다. 이런 책은 20권을 읽는다고 할 때 1권 정도 만나곤 했다. 결과적으로 매년 수십 권 정도는 시간을 좀 더 투자해 행동 계획을 세우게 된다.

두 번째는 목표 달성이나 과제 해결과 직결되는 책이다. 지금 당신의 목표 혹은 눈앞의 과제와 직결되는 책을 만나면 에센스를 많이 발견하게 되는 게 당연하다. 이런 책은 빨리 읽으려고 하기보다 꼼꼼하게 읽는 것이 이득이다. 속독으로 단번에 빨리 읽는 것이 반드시 성과로 이어지는 것은 아니다.

굳이 손으로 써야 하는 이유

지금까지 아웃풋 노트의 효과에 관해 이야기했다. 그러나 메모가 뇌에 미치는 구체적인 영향에 대해서는 아직 이야기하지 않았다. 이 주제에 대한 이해를 돕기 위해 좀 더자세히 설명하고자 한다.

메모는 사실 수고스럽고 성가시다. 여러 업무를 동시다발적으로 처리하는 데 이미 익숙한 분이라면 굳이 메모를하지 않아도 업무 능률이 떨어지지 않을 것이다. 그만큼 뇌가 단련되어 있기 때문이다. 그럼에도 메모를 권하는 이유는 기회 손실을 줄이는 도구이기 때문이다.

사람은 시간이 갈수록 점점 기억을 잃어가기 마련이다. 이것은 지금의 과학으로는 도저히 막을 재간이 없다. 따라서 메모나 노트 필기의 도움을 받아 기회 손실을 줄여야 한다. 메모하는 습관이 몸에 배면 무언가 잊어버릴까 불안해하고 걱정하지 않아도 된다.

결국 아웃풋한 사람만이 힘을 갖게 된다. 단순히 지식을 쌓는 것만 추구해서는 결코 성공할 수 없다.

물론 새로운 지식을 발굴하는 것이 주된 임무인 연구자나 대학 교수는 다르겠지만, 그들 또한 최종적으로는 논문이나 보고서 등의 아웃풋으로 평가를 받게 된다.

지식의 인풋은 어디까지나 아웃풋을 위한 수단이다.

따라서 아웃풋을 하는 것까지를 독서라고 생각해야 한다. 지식을 인풋하면 시험 삼아 메모를 해보자. 이 작업은 꿩

장히 중요하다. 메모는 쉽게 기억할 수 있을뿐더러 뇌에 오래도록 저장하기도 쉽다.

또한 기록을 해두면 훗날 돌아볼 수도 있다. 아웃풋 노트에는 삶의 다양한 문제를 해결할 힌트가 가득하다. 기록했던 그 자체가 인생의 한 과정이었기에 즐거웠던 일, 좋았던 일, 놀랐던 일, 나빴던 일은 물론 언제 어떤 책을 읽었는지를 마치 조금 전 일처럼 생생하게 돌아볼 수 있다. 이것은 내가 경험했듯 여러분에게도 엄청난 자신감을 줄 것이다.

아웃풋 노트를 펼쳐보면 지금까지 쌓아온 지식의 기록으로써 '이만큼의 책들이 나의 뒤에서 눈에 보이지 않는 든든한 지원군이 되어주었구나' 하는 생각에 가슴이 벅찰 것이다.

이런 사람은 아웃풋 노트가 필요 없다

책을 읽으면 책에서 습득한 지식을 바탕으로 바로 실행에 옮기는 사람도 있다. 평소 인풋과 행동의 습관이 몸에 밴 사람이기 때문이다. 어떻게 그것이 가능할까? 이런 사람은 늘 명확한 목표를 갖고 있었기 때문에 가능한 것이다. 어떤 지식을 받아들이든 그것을 자신의 과제를 해결하고자 하는 의지로 고민하면서 행동하기 때문이다.

하지만 안타깝게도 그런 사람은 극히 소수다. 나도 처음에는 불가능했다. 무기력하고 암담하기만 했던 20대의 나를 포함해 누구나 그런 사고방식을 갑자기 얻을 수는 없다. 아웃풋 노트는 그런 사고방식을 얻기 위한 바탕이 된다.

▲
▲

아웃풋 노트는
인생의
바이블이 된다

▲
▲

아웃풋 노트의 최종 목표

아웃풋 노트로 누구나 뇌력이 높아지는 소소한 사고방식을 소개한다.

뇌를 최대로 활용해 초격차 독서법을 하는 근본적인 이유는 닮고 싶고 배우고 싶은 사람의 사고방식 그 자체를 손에 넣기 위함이다. 아웃풋 노트를 쓰는 것도 그런 사고방식을 좀 더 빠르고 확실하게 내 것으로 만들기 위함이 아니었던가.

아무리 노력해도 좀처럼 발전이 없다거나 눈에 띄는 성

과로 이어지지 않아 고민하는 사람이 많다. 이것은 뇌 과학을 바탕으로 생각하면 올바른 사고방식을 아직 손에 넣지 못했기 때문이다.

무언가 행동하기에 앞서 사고방식을 습득하면 성과는 쉽게 나타난다.

저자의 사고방식을 탐하라

보통 책은 어떤 분야의 전문가, 특별한 경험을 한 사람, 실패 끝에 성공을 거머쥔 사람, 기업을 일구고 경영해온 사람 등이 쓴다. 그런 사람들의 책을 읽고 아웃풋 노트에 행동 계획을 세워 실천하다 보면 자연스럽게 저자의 사고방식을 따르게 된다. 이것이 가능해지면 여러분이 원하는 어떤 분야의 책을 보든 그 속의 지식을 저절로 터득해 놀랄 만큼 간단하게 스킬이 향상될 것이다. 저자의 사고방식이 복제되어 여러분의 뇌에 설치되는 순간이 오는 것이다.

책을 쓴 저자의 사고방식을 복제한다는 측면에서 초격차 독서법은 우리의 모든 일과 일상, 아이디어와 발상의 전환에 활용할 수 있다. 이것이야말로 인생을 바꾸는 독서법이 아닐까?

삶의 방식을 바꾼다. 그리고 꿈꾸던 일을 현실로 만들어 낸다. 그리고 그렇게 인생이 바뀐다. 이것을 이루어주는 것이 바로 아웃풋 노트다. 이렇게 생각하면 수많은 독서법과 초격차 독서법의 차이가 명확해진다.

독서하는 이유를 명확히 하여 책의 에센스를 자신을 위한 항목으로 정리하고 몸을 움직여 성과로 전환하는 것이 궁극적인 목표다. 행동으로 옮길 때마다 성장하고 있다고 생각하면 신이 나서 계속하게 될 것이다.

성대모사 달인에게서 배우다

방송에 출연하는 희극인 중에는 뛰어난 성대모사 능력을 보여주는 경우를 종종 볼 수 있다. 어쩌면 그렇게 감쪽같은지 소리만 듣는다면 전혀 눈치챌 수 없을 정도다. 그 이유는 뇌 구조를 생각하면 쉽게 찾을 수 있다.

뛰어난 성대모사는 단순히 습관이나 행동을 따라 하는 것만으로는 불가능하다. 성대모사의 대상이 되는 인물의 뇌를 가져온다고 생각해야 한다. 그렇게 누군가의 사고방식을 손에 넣으면 행동은 자연스럽게 몸에 밴다.

전통 예술을 전수받고자 할 때는 스승의 사고방식을 하나씩 차례대로 익혀 스승처럼 되어보는 것이 가장 빠르고 확실하다고 한다. 그렇기 때문에 스승과 제자가 한 지붕 아래에서 생활하는 경우가 많은 것이다. 아웃풋 노트 또한 마찬가지다. 이처럼 책을 쓴 저자의 사고방식을 손에 넣는 것이 아웃풋 노트의 최종 목표다.

이제는 꿈을 이룰 시간이다

사람이 머리로 생각할 수 있는 것에는 한계가 있다. 눈으로 볼 수 없는 이미지를 구체화해 문자로 기록하면 복잡하게만 보였던 과제가 단순해지고 해결책도 명확해진다. 이처럼 단순하게 생각하는 힘을 길러 빠르게 움직이는 힘으로 바꿔가는 것이 중요하다.

이런 의미에서 초격차 독서법은 여러분이 만나게 될 인생이라는 시험을 통과할 합법적인 컨닝 페이퍼라고도 할 수 있다. 또한 일이나 일상에서 시간과 공간을 초월해 지식을 탐구할 수 있는 타임머신과도 같은 것이 아닐까 생각한다.

여러분의 꿈을 실현시켜줄 마법의 도구, 그것이 초격차 독서법과 아웃풋 노트가 아닐까!

초격차 독서법의
눈에 보이지 않는 가치

미국 켄터키 대학교 연구팀이 진행한 뇌 과학 연구에 따르면 평소 긍정적인 일기를 쓰는 사람은 그렇지 않은 사람에 비해 수명이 길다고 한다. 이 연구진은 노트르담 사원 관계자 180명의 일기를 조사했는데 긍정적인 내용의 일기를 쓴 사람은 실제로 90세 정도까지 장수했다고 한다. 더 놀라운 사실은 일기에 적힌 내용이 거짓이어도 똑같은 효과가 나타났다는 것이다. 거짓이어도 좋으니 불평이나 불만보다는 발전적이고 긍정적인 말을 하는 것이 장수로 이어진 것이다. 아웃풋은 항상 긍정적으로 표현해야 정신적 안정은 물론이고 건강에도 도움이 된다.

부정적인 행동이나 말은 그 자체만으로 여러분의 정신적, 신체적 건강을 위협하여 한 번뿐인 귀중한 인생까지 망가뜨리는 결과를 낳는다. 그런 의미에서 본다면 초격차 독서법과 아웃풋 노트는 수명을 늘려주는 독서법이라고 해도 좋을 것이다.

초격차 독서법으로 얻은 풍부한 지식은 매사에 올바른 판단의 주축이 되어 어려움을 헤쳐나갈 강력한 무기가 되어준다.

지식이 변화를 가져오는 행동으로 이어지면 나이와 상관없이 끊임없이 에너지가 솟는다. 자신감이 넘치고 매력적인 사람은 긍정적인 에너지로 가득하다. 이런 사람 주변에는 역량이 뛰어난 사람과 새로운 정보가 계속해서 모이기 마련이다. 결과적으로 금전과 사람 등 여러 운도 끌어당기는 선순환이 일어난다.

내가 경영과 주식 투자로 30대에 큰 규모의 자산을 모을 수 있었던 것도 이 법칙을 활용한 것에 지나지 않는다. 초격차 독서법의 눈에 보이지 않는 가치는 바로 여기에 있지 않을까.

계속해서 강조했듯, 책을 빨리 읽고 내용을 기억하는 것만으로는 의미가 없다. 얻게 된 지식을 살아가면서 활용하고 실천하여 그때는 어땠는지 스스로 반추하고 축적해가야 문제를 해결하는 진짜 힘을 키울 수 있다.

초격차 독서법이 당신의 인생을 더 풍요롭게, 꿈을 현실로 바꾸어 가기를 바라마지 않는다.

부자들의 초격차 독서법

2021년 12월 8일 초판 1쇄 | 2022년 2월 7일 6쇄 발행

지은이 가미오카 마사아키
옮긴이 장은주
펴낸이 최세현　**경영고문** 박시형

책임편집 김선도　**디자인** 임동렬
마케팅 권금숙, 양근모, 양봉호, 이주형, 신하은, 유미정, 정문희
디지털콘텐츠 김명래　**해외기획** 우정민, 배혜림
경영지원 홍성택, 이진영, 임지윤, 김현우
펴낸곳 (주)쌤앤파커스　**출판신고** 2006년 9월 25일 제406-2006-000210호
주소 서울시 마포구 월드컵북로 396 누리꿈스퀘어 비즈니스타워 18층
전화 02-6712-9800　**팩스** 02-6712-9810　**이메일** info@smpk.kr

ⓒ 가미오카 마사아키 (저작권자와 맺은 특약에 따라 검인을 생략합니다)
ISBN 979-11-6534-428-3 (03320)

쌤앤파커스(Sam&Parkers)는 독자 여러분의 책에 관한 아이디어와 원고 투고를 설레는 마음으로 기다
리고 있습니다. 책으로 엮기를 원하는 아이디어가 있으신 분은 이메일 book@smpk.kr로 간단한 개
요와 취지, 연락처 등을 보내주세요. 머뭇거리지 말고 문을 두드리세요. 길이 열립니다.